Ursula Oppolzer
Super lernen

Ursula Oppolzer

Super lernen

Tipps & Tricks von A–Z
Effektiver Lernen
Mit vielen Übungen

7., aktualisierte Auflage

Bibliografische Information der Deutschen Nationalbibliothek
Die Deutsche Nationalbibliothek verzeichnet diese Publikation in der Deutschen
Nationalbibliografie; detaillierte bibliografische Daten sind im Internet
über http://dnb.ddb.de abrufbar.

ISBN 978-3-86910-470-6

Die Autorin: Ursula Oppolzer studierte Biologie und Geographie für das Lehramt sowie
Mathematik und Psychologie. Mehr als 20 Jahre war sie als Dozentin in der Erwachse-
nenbildung tätig. Seit 1999 arbeitet die erfolgreiche Sachbuchautorin (Schwerpunkt:
Gedächtnis, Konzentration, Lernen) wieder als Realschullehrerin.

7., aktualisierte Auflage

© 2010 humboldt
Ein Imprint der Schlüterschen Verlagsgesellschaft mbH & Co. KG,
Hans-Böckler-Allee 7, 30173 Hannover
www.schluetersche.de
www.humboldt.de

Covergestaltung: DSP Zeitgeist GmbH, Ettingen
Innengestaltung: akuSatz Andrea Kunkel, Stuttgart
Titelfoto: Getty Images / Jeffrey Coolidge
Illustrationen im Innenteil: DSP Zeitgeist GmbH, Antje Bohnenstedt, Seiten 9,11, 13, 20,
31, 34, 38, 58, 61, 76, 77, 78, 89, 101, 104 (oben), 105, 107, 112, 113, 115, 117, 132, 136,
154, 155, 165, 166, 168, 173, 175, 176, 189, 107, 198, 206, 211, 227, 243, 254.
Die übrigen Abbildungen stammen von Peter Kaste, Erlangen.
Satz: PER Medien+Marketing GmbH, Braunschweig
Druck: Grafisches Centrum Cuno GmbH & Co. KG, Calbe

Hergestellt in Deutschland.
Gedruckt auf Papier aus nachhaltiger Forstwirtschaft.

Inhalt

Vorwort

Einen Vorsprung im Leben hat, wer da anpackt,
wo die anderen erst einmal reden.

Das bedeutet: Keine lange Einleitung!

Sie finden in diesem Buch die wichtigsten Erkenntnisse
und Tipps für ein erfolgreiches Lernen kurz und anschaulich dargestellt. So können Sie schnell zur Sache kommen
und das Gelesene in die Tat umsetzen. Dieses Buch erhebt

nicht den Anspruch auf Vollständigkeit, sondern möchte in Form eines alphabetisch geordneten kleinen „Lernlexikons" einen Überblick vermitteln und neben theoretischem Hintergrundwissen vor allem praktische Tipps geben.

Verschiedene Symbole stehen für die unterschiedlichen Bereiche: Hintergrundwissen ist mit einem abgehakten Kasten ☑ gekennzeichnet. Die Glühbirne 💡 finden Sie immer dann, wenn es um konkrete Lerntipps geht. Hinweise auf empfehlenswerte Literatur zum Thema sind mit 📖 gekennzeichnet.

Der Anhang enthält Vorschläge für Konzentrations- und Gedächtnisübungen sowie ein ausführliches Literaturverzeichnis.

Sie können Ihr Ziel nur erreichen, wenn Sie jetzt beginnen.

Viel Spaß!
Ursula Oppolzer

💡 Allgemeine Lernvoraussetzungen

Am Anfang war die Tat.
(Johann Wolfgang von Goethe, Faust)

Schaffen Sie die besten Voraussetzungen

für ein erfolgreiches Lernen, für Kreativität und Leistung:

- Offenheit und Neugier
- Begeisterungsfähigkeit
- Fantasie
- effektive Lernmethoden
- Gedächtnistechniken
- lernbiologisches Wissen
- Entspannung
- ausreichend Schlaf
- viel Bewegung
- viel frische Luft
- richtige Ernährung
- kein negativer Stress
- positives Denken

> Eine Reise von tausend Meilen beginnt mit einem einzigen Schritt.

- Verschieben Sie wichtige Dinge nicht ständig auf später!
- Beginnen Sie wichtige Dinge nicht, wenn Sie schlechter Laune sind.
- Gönnen Sie sich zwar Ihre schlechte Laune, aber nur für eine begrenzte Zeit (ca. 1 Stunde). Sie sind der Herrscher Ihrer Stimmungen, nur Sie können diese verändern.
- Versuchen Sie eine positive Einstellung zu Arbeiten zu gewinnen, die Ihnen nicht so liegen.
- Sagen Sie nicht einfach: „Das interessiert mich nicht!"
- Stellen Sie sich vor, wie Sie Ihr Ziel erreichen werden.
- Stellen Sie sich vor, welche positiven Veränderungen das Erreichen des Ziels mit sich bringen wird und wie Sie sich dabei fühlen werden.

> Je länger eine Reise ist, umso besser muss die Vorbereitung sein.

☑ **Assoziationen**

Fantasie ist die Schwester eines guten Gedächtnisses!

Lassen Sie Ihrer Fantasie freien Lauf!

Verbinden Sie Ihre Gedanken mit Bildern!
Gedankenverbindungen = Assoziationen.

Assoziationen sind wichtig, damit eine Information sicher
gespeichert wird und später jederzeit sofort abrufbar ist.

Regeln für erfolgreiches Assoziieren:

- Schließen Sie beim Assoziieren einige Sekunden
  die Augen. Das erhöht die Konzentration.
- Stellen Sie sich den gedachten Begriff bildhaft vor.
- Sehen Sie sich in der Situation in diesem Bild.
  (Rose: Sie bekommen
  Ihre erste Rose bei
  einem Rendezvous)
- Sehen Sie nicht nur,
  sondern lassen Sie
  möglichst viele Sinne
  miterleben. (Sie riechen
  den Duft der Rose …)

- Begnügen Sie sich mit einem einzigen Bild.
- Das Bild, das Ihnen als Erstes in den Sinn kommt, ist spontan und meist das Beste.
- <u>Haben Sie Mut zu „merk-würdigen" Bildern!</u>
  Je verrückter, unrealistischer eine Gedankenverbindung ist, umso mehr sie aus dem Rahmen fällt, desto auffälliger ist sie und wird leichter gespeichert.
- Achten Sie darauf, dass der wichtige Begriff in Ihrem Bild übergroß erscheint, damit er sich abhebt von den Dingen drumherum.
- Je weniger Dinge ein Bild enthält, desto einprägsamer ist es.
- Je mehr Sinne beim Assoziieren beteiligt sind, desto besser gelingt die Speicherung.

Unser Gedächtnis lässt uns nicht im Stich, wenn es um besondere Dinge geht. Meist sind es die alltäglichen oder unauffälligen Fakten, die wir „vergessen".

Oppolzer, U.: Kopfsalat und Glühbirne (Kids)
Gedächtnistraining für Kids
Verflixt, das darf ich nicht vergessen!
Das große Brain-Fitness-Buch
Hüther, G.: Die Macht der inneren Bilder
Bedienungsanleitung für ein menschliches Gehirn
Stenger, Ch.: Das Gummibärchen im Spinat

Atmosphäre zum Lernen

Es gibt nichts Gutes, außer man tut es!
(Erich Kästner)

Schaffen Sie sich eine angenehme Lernatmosphäre!

Schaffen Sie sich einen möglichst angenehmen Lernplatz, an dem Sie sich wohl fühlen.

Der Schreibtisch sollte nicht irgendwo „abgestellt" werden. Ein Kuschelsessel oder eine gemütliche Ecke für ein entspanntes und entspannendes Lesen sollte dort sein, wo Sie alle Lernutensilien und Bücher, dazu evtl. ein Diktiergerät griffbereit haben.

Eine Schale mit Obst, ein Glas Saft oder eine Tasse Kaffee für die kleinen „Umschaltpausen" sorgen dafür, dass Sie das Lernzimmer nicht verlassen müssen, und vermitteln Ihnen das Gefühl, dass Lernen angenehm ist, dass Ihr Körper verwöhnt wird, während Ihr Geist tätig ist.

Lassen Sie sich nicht stören!

Hängen Sie ein Schild an die Tür:

> **Bis … Uhr bitte nicht stören!**

Lernen Sie mit Musik!

Mit Musik geht alles besser ...

Versuchen Sie einmal, mit leiser Musik im Hintergrund zu lernen. Lernpsychologen haben herausgefunden, dass eine leise, ruhige Instrumentalmusik im Hintergrund entspannt und somit das Lernen fördert. Besonders wirkungsvoll soll Barockmusik sein, z. B. Bach oder Corelli. Wichtig ist jedoch, dass Sie die Musik mögen und dass die Musik ruhig und klar ist.

Barockmusik:

Antonio Vivaldi: Largo aus „Winter" in „Die vier Jahreszeiten". Largo aus Konzert in D-Dur für Gitarre, Streicher und Basso continuo

Georg Philipp Telemann: Largo aus „Fantasien für Cembalo" Largo aus Konzert für Viola, Streicher und Basso-continuo in G-Dur

Georg Friedrich Händel: Largo aus Konzert Nr. 3 in D-Dur,
Feuerwerksmusik
Johann Sebastian Bach: Aria zu den „Goldberg-Variationen"
Largo aus Konzert für Klavier und Streichorchester
Nr. 5 f-Moll Largo aus Konzert für Cembalo solo in F-Dur

Arcangelo Corelli: Alle langsamen Sätze aus Concerti grossi
op. 6, Nr. 1–12

Elektronische Musik:
Georg Deuter: Ecstasy; Celebration; Cicada
Kitaro: Oasis: Silk-Road; KL.
J. M. Jarre: Equinoxe; Oxygene
J. Walter Musik Produktion: Mantras (1 und 2)

 Spitzer, M.: Musik im Kopf

Jeder Mensch lernt anders, und wenn Sie zu den Menschen
gehören, die Musik beim Lernen eher stört, dann akzeptie-
ren Sie das, und probieren Sie eine andere Anregung aus.
Seien Sie offen für neue Gewohnheiten!

✓ Aufmerksamkeit

Wir sehen, was wir denken!

Aufmerksamkeit wird erreicht durch:

- Wecken der Neugier
- Überraschungen
- Abwechslungsreiche Heftführung
- Informationen, die Bedeutung bekommen
- Persönliche Einbeziehung
- Wechsel der Lernaktivitäten
- Übertreibungen
- Abwechslungsreiche Medien
- Anknüpfung an bekannte Zusammenhänge
- Spaß am Lernen

Aufmerksamkeit ist die Richtung des Bewusstseins auf einen bestimmten Gegenstand. Alles andere bleibt weitgehend unbeachtet! Nur was wichtig ist, wird wahrgenommen!

Aust, D.: A.D.S. – Das Erwachsenenbuch
Büttner, G.: Diagnostik von Konzentration und Aufmerksamkeit
Jacobs, C.: Training für Kinder mit Aufmerksamkeitsstörungen
Warnke, A.: ADHS – Das Aufmerksamkeitsdefizitsyndrom

Aufmerksamkeitstest

Machen Sie folgenden Test möglichst schnell. Sie haben max. 1 Minute Zeit!

1. Lesen Sie alles, bevor Sie weitermachen.
2. Schreiben Sie schnell Ihren Namen in die linke obere Ecke.
3. Kreisen Sie im vorigen Satz das Wort „schnell" ein.
4. Zeichnen Sie 4 Kreise in die rechte obere Ecke.
5. Schreiben Sie den Anfangsbuchstaben Ihres Vornamens in die Kreise.
6. Unterschreiben Sie dieses Blatt rechts unten nur mit Ihrem Nachnamen.
7. Unterstreichen Sie alle „Sie" im Text.
8. Schreiben Sie ein „X" in die linke untere Ecke dieses Blattes.
9. Kreises Sie dieses X ein.
10. Nun, da Sie alles gelesen haben, befolgen Sie bitte nur die Anweisung 2!

Erst einen Überblick verschaffen!

Wenn Sie sich zunächst einen Überblick verschaffen, indem Sie sich erst alles durchlesen, können Sie feststellen, dass Sie sich viel Arbeit ersparen. Die meisten Menschen lesen oder lernen „drauflos", vor allem dann, wenn sie unter Zeitdruck oder Notendruck stehen.

Aufwärmphase

Wer das erste Knopfloch verfehlt,
kommt mit dem Zuknöpfen nicht zurande.

(Johann Wolfgang von Goethe)

Beachten Sie die Aufwärmphase!

Beginnen Sie mit etwas Leichtem!

So wie der Sportler mit Übungen zum Aufwärmen des Körpers beginnt, so sollten auch Sie mit leichtem Stoff oder
einer Konzentrationsübung anfangen, damit das Gehirn
langsam „warm werden" kann (ca. 3–5 Min.). Wenn Sie
mit einer Konzentrationsübung oder einer leichten Denkaufgabe beginnen, hat das drei Vorteile:

1. Ihr Gehirn stellt sich automatisch
   darauf ein zu arbeiten. Sie müssen
   sich also nicht immer wieder neu
   überwinden.

2. Ihr Gehirn hat Zeit, langsam
   in Schwung zu kommen.

3. Sie beginnen mit einem Erfolgserlebnis. Das führt zu einer
   positiven Lerneinstellung,
   zu mehr Lust am Lernen.

Konzentrationsübungen für den Anfang:

1. Bilden Sie eine Wörterkette zu verschiedenen Themen
   (Affe – Esel – Lama – Antilope – …): 3 Min.

2. Bilden Sie eine Wörterkette mit zusammengesetzten
   Wörtern (Haus<u>meister</u> – <u>Meister</u>koch – …): 2 Min.

3. Nennen Sie einsilbige (zweisilbige …) Städte
   (engl. Vokabeln …): 3 Min.

4. Schreiben Sie z. B. das Wort GEDAECHTNIS und bilden
   Sie aus den Buchstaben neue Wörter
   (Dach – See – Tisch): 3 Min.

5. Schreiben Sie z. B. das Wort Konzentration senkrecht einmal von oben nach unten und rechts davon im Abstand
   von ca. 5 cm von unten nach oben. Sie haben so Anfangs- und Endbuchstaben für neue Wörter. 3 Min.

Diese Konzentrationsübungen dienen gleichzeitig der Wortschatzerweiterung und können Themen aus verschiedenen Fächern ansprechen (siehe Wortschatzerweiterung + Anhang).

Oppolzer, U.: Verflixt, wie lerne ich das?
          Kopfsalat und Glühbirne (für Kids)
          Das große Brain-Fitness-Buch
Speichert, H.: Kopfspiele

 Belohnen

Die eine Tat, die ungepriesen stirbt,
würgt tausend andere, die sie zeugen könnte.

(William Shakespeare)

Loben und Belohnen mit Bedacht!

Auf 10 Lob höchstens 1 Tadel!

Text für Eltern:

„Loben ist schwerer als tadeln, deshalb tadeln so viele!"

Jonathan Swift schrieb 1745 in seinem Buch *Gullivers Reisen*: „Wer 73 Monate die Landesgesetze einhält, bekommt eine Belohnung."

Bei uns ist es üblich, nicht erwünschtes Handeln oder Fehler zu bestrafen. Dabei weiß die Psychologie schon lange, dass Anerkennung ein Grundbedürfnis des Menschen ist und ungeahnte Energien freisetzen kann.

Wenn Sie das Kind für eine schlechte Note bestrafen, wird es vielleicht unter Druck mehr lernen, d. h. mehr Zeit zum Lernen aufwenden, aber aus Angst vor Strafe vielleicht doch versagen. Es wird vor allem jedoch unbewusst zwischen Lernen und Strafe, zwischen Schule und Unbehagen eine Verbindung herstellen und die Freude am Lernen verlieren. Die Neugier erlischt und weicht einem sturen Pauken für die nächste Schulaufgabe. So wie eine Tür oft erst dann geölt wird, wenn sie quietscht, reagieren Eltern und Lehrer oft erst dann, wenn etwas nicht mehr klappt.

Anregungen:

- Schränken Sie Lob nicht durch Tadel ein! Wenn Sie loben, dann „übersehen" Sie in diesem Fall die Fehler. Sagen Sie: Das hast du prima gemacht! Sagen Sie nicht: Das hast du gut gemacht, nur die Kommasetzung muss du noch tüchtig üben.
- Loben Sie, wenn das Kind (der Schüler) selbst Fehler findet.
- Belohnen Sie nicht das Ergebnis, sondern die Bemühung!
- Belohnen Sie den Fortschritt!
- Belohnen Sie nicht mit Geld, sondern erfüllen Sie Wünsche, die nicht materiell sind.

Für Lernende:

Bevor Sie mit einer Lerneinheit beginnen, überlegen Sie sich, wie Sie sich nach getaner Arbeit belohnen wollen. Das erhöht die Lust und die Konzentration.

Machen Sie eine Belohnungsliste, auf der sie dann später schon erfolgte Belohnungen durchstreichen können und sehen, was Sie sich noch wünschen.

 Speichert, H.: Hausaufgaben sinnvoll machen

☑ Bewegung und Lernen

Wer sich bewegt, dem fällt das Denken leichter.

Bewegung ist nicht nur gut und wichtig für den Körper, sondern ebenso für den Kopf.

Machen Sie beim Zuhören eines Vortrags oder während des Fernsehens z. B. Fingerspiele, Hand- oder Fußgymnastik. Lernen Sie Vokabeln, indem Sie z. B. gleichzeitig Ball spielen. Lernen Sie Geschichte, Biologie usw. beim Spaziergang, und zwar mit Walkman, Discman oder MP3-Player. Auch Ideen für ein Referat oder einen Aufsatz sammeln Sie am besten auf Spaziergängen. Stecken Sie ein Diktiergerät in die Tasche und sprechen Sie wichtige Punkte auf Band, damit Ihnen kein wertvoller Gedanke verloren geht.

- Bewegung senkt den Adrenalinspiegel, baut somit Stress ab und entspannt – vor allem mit Musik.
- Bewegung steigert die Durchblutung des Gehirns und sorgt für eine gute Sauerstoff- und Glucoseversorgung.
- Bewegung des Körpers fördert die Bewegung des Geistes.
- Bewegung mit links regt speziell die rechte Gehirnhälfte an.
- Bewegung mit den Fingern erhöht die Konzentrationsfähigkeit.

Bewegungsspiel für die Aufwärmphase und für zwischendurch:

Denken Sie sich z. B. Wörter aus, die drei, vier oder fünf unterschiedliche Vokale enthalten. Dann setzen Sie die Vokale nacheinander so schnell wie möglich in Bewegungen um, beispielsweise:

Bei einem „a" strecken Sie die Arme nach außen, d. h. zur Seite.

Bei einem „e" strecken Sie die Arme nach vorn und stoßen etwas weg.

Bei einem „i" zeigen beide Hände nach innen zum „Ich".

Bei einem „o" strecken Sie die Arme nach oben zur Decke.

Bei einem „u" strecken Sie die Arme nach unten zu den Fußspitzen.

Nehmen Sie Fremdwörter oder Vokabeln einer Fremdsprache, so können Sie sich mit Hilfe der speziellen Bewegungen die Schreibweise besser einprägen.

 Oppolzer, U.: Bewegte Schüler lernen leichter
Hannaford, C.: Bewegung, das Tor zum Lernen

☑ Denkblockaden

Alles, was einem Menschen gelingt oder nicht gelingt,
ist das unmittelbare Ergebnis seines Denkens.   (J. Allen)

Zu **Denkblockaden** kommt es immer dann, wenn wir unter Druck stehen (Zeitdruck – Leistungsdruck – …).
Angst und Druck, fremde und abstrakte Lernstoffe lösen in unserem Körper Stressalarm aus. (→ Stress)
Das bedeutet, dass wir in dem Moment körperliche Höchstleistungen bringen können, aber keine geistigen, da der „Alarm" im Gehirn andere Folgen hat.

Nervenzellen haben lange Fortsätze,

die „Straßen" für den Informationsfluss.

Zwischen dem Fortsatz einer Zelle und einer anderen Zelle ist ein winziger Spalt, der erst geschlossen werden muss, damit Informationen von einer Nervenzelle zur anderen weitergeleitet werden können. Die Enden der Fortsätze sind kolbenförmig erweitert (= Synapsen) und enthalten bestimmte chemische Stoffe (Transmitter).

Im entspannten Zustand können Informationen reibungslos weitergeleitet werden, indem die Bläschen in den Synapsen platzen und der chemische Stoff den winzigen Spalt ausfüllt. Man sagt: Die Synapsen feuern!

Bei Stress aber sorgt das Hormon Adrenalin, das von den Nebennieren ausgeschüttet wird, dafür, dass alle Schalter auf Rot stehen, d. h. dass Informationen nicht weitergeleitet und Gehirnzellen nicht aktiviert werden können, weil die chemischen Stoffe (Transmitter) keine Brücke bilden. Es kommt zu Blockaden, sprich Denkblockaden.

<u>Angst bedeutet für den Lernenden Stress</u> (Angst vor schlechten Noten, vor Tadel, vor zu wenig Zeit, vor Überforderung, vor zu hohen Erwartungen),

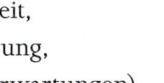

Nervenzelle 1

Nervenzelle 2

und dieser Stress führt zu einer mangelhaften Aufnahmefähigkeit, zu Denkblockaden und damit oft in einen Teufelskreis von Misserfolgen.

   Vester, F.: Denken, Lernen, Vergessen

☑ EDU-Kinestetik (mit Brain Gym)

Bewegung ist gut, gehirngerechte Bewegung ist besser!

EDU-Kinestetik:

Edukation + Kinesiologie = Lernen mit Bewegung
Erziehung + Lehre von der Bewegung

EDU-Kinestetik (EK) ist eine leicht anwendbare Methode für das Lernen mit beiden Gehirnhälften.
Unter gehirngerechter Bewegung versteht man Übungen, die das Gehirn besonders aktivieren bzw. die Zusammenarbeit der beiden Gehirnhälften fördern.

Paul Dennison hat mit der EDU-Kinestetik eine lernfördernde Bewegungslehre geschaffen. Die lernfördernden Übungen, die Blockaden im Gehirn abbauen und ein Lernen mit beiden Gehirnhälften ermöglichen, fasst Paul Dennison unter der Bezeichnung BRAIN GYM zusammen, was so viel wie Gehirnturnen, Gehirngymnastik oder Lerngymnastik bedeutet.

Mit den körperlichen Übungen, vor allem den Überkreuzbewegungen der EDU-Kinestetik, sollen Lernblockaden aufgelöst und Verbindungen zwischen links und rechts neu angebahnt werden.

 Oppolzer, U.: Bewegte Schüler lernen leichter
Dennison, P./Dennison G.: Das Handbuch der EDU-Kinestetik
für Eltern, Lehrer und Kinder jeden Alters
Brain Gym
Brain Gym, Lehrerhandbuch
Befreite Bahnen
Ballinger, E.: Lerngymnastik (Buch und Kassette)
Hering, J.: Lernen braucht Bewegung (MC)

Übungen aus E. Ballinger: Lerngymnastik

Kreuztanz „Streckst du den linken Arm, wird gleichzeitig das rechte Bein gestreckt, schlenkerst du das linke Bein, schwingt der rechte Arm." Wichtig ist, dass die Bewegung über Kreuz geht.

Denkmütze „Mit Zeigefinger und Daumen ziehst du den Rand deiner Ohren nach außen, so als wolltest du sie ausfalten. Beginn am oberen Rand des Ohres und geh nach unten bis zum Ohrläppchen!"

Elefantenübung „Leg dein Ohr an die Schulter: Dein ausgestreckter Arm ist der Rüssel, der fest mit dem Kopf verwachsenen ist. Schwing nun den Oberkörper, Kopf und Arm ruhig und locker durch die Luft – so, dass eine große liegende Acht entsteht!"

☑ Einstellung zum Lernen

Ich bin so guter Dinge, so heiter und rein,
und wenn ich einen Fehler beginge, könnt's keiner sein.

(Johann Wolfang von Goethe)

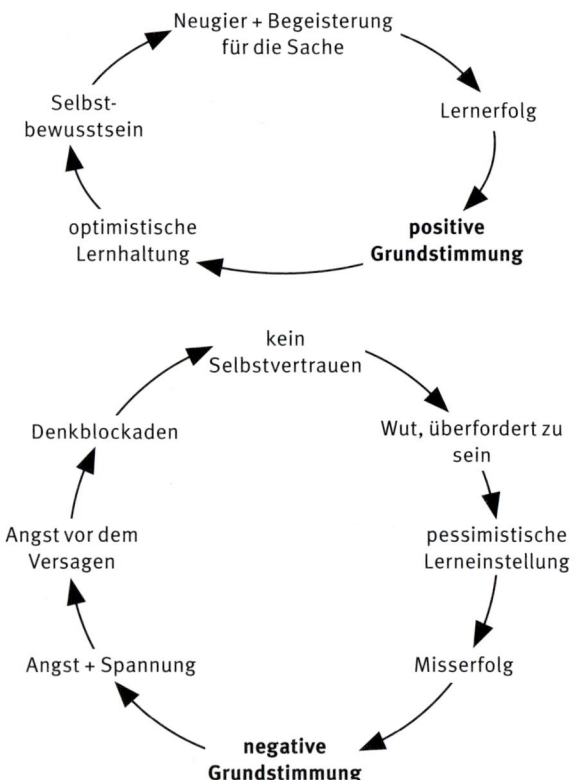

Auf die Einstellung kommt es an!

Die Einstellung zum Lernen entscheidet über Ihren Lernerfolg. So wie eine positive Grundstimmung zu mehr Selbstbewusstsein, zu Neugier und Begeisterung führt und dadurch den Lernerfolg vorprogrammiert, so bewirkt eine negative Grundstimmung Angst vor dem Versagen, Denkblockaden, eine Verringerung des Selbstvertrauens, Abwehr und schließlich Misserfolge.

 Hüholdt, J.: Wunderland des Lernens

Durch Liebe werden alle Dinge leichter,
die der Verstand als gar zu schwer betrachtet.

(Persische Weisheit)

Seien Sie positiv!

Das, was wir gern tun, fällt uns leicht!

Das, was wir mit Liebe tun, gelingt uns!

Ihre Einstellung zum Lernen
entscheidet über Ihren Lernerfolg!

Positive Lerneinstellungen:

- Ich schaffe das!
- Lernen macht mir von Tag zu Tag mehr Freude!
- Mein Gedächtnis ist sehr gut!
- Wenn ich lerne, bin ich voll konzentriert!
- Ich gehe ruhig und gelassen an meine Arbeit!
- Ich stelle mir meinen Lernerfolg bildhaft vor!
- Ich arbeite konsequent nach Plan!
- Ich gebe mein Bestes, aber ich erwarte nicht zu viel von mir!
- Ich habe Geduld mit mir und mit anderen!
- Mein Alter hat auf den Lernerfolg keinen Einfluss!
- Ich freue mich über jeden kleinen Lernfortschritt. Er gibt mir neue Energie für den nächsten Schritt.

Der Glaube versetzt Berge (so oder so)!

Jansen, F./Streit, U.: Positiv lernen
Freitag, E. F./Zacharias, C.: Die Macht Ihrer Gedanken
Hay, L.: Du kannst es! Durch Gedankenkraft die Illusion der Begrenztheit überwinden
Hay, L./Zeller, S.: Du kannst es!, Hör-CD
Murphy, J.: Das Erfolgsbuch: Wie Sie alles im Leben erreichen können

Sublimale Lernbeeinflussung

Bei der Sublimaltechnik wird versucht, das Unterbewusstsein anzusteuern und den abwägenden Verstand zu umgehen. In einem komplizierten Verfahren werden positive Suggestionen mit einer Entspannung auslösenden Musik unterlegt und für das Bewusstsein unhörbar gemacht.

Bei den meisten handelsüblichen CD's werden die Suggestionsformeln so beschleunigt, dass pro CD mehrere hundertmal die Formeln in regelmäßigen Abständen das Unterbewusstsein ansprechen. Die Sublimaltechnik ist jedoch umstritten.

Probieren Sie es aus!
Es gibt im Handel die verschiedensten Programme auf CD.

 Tepperwein, K.: Hörprogramme:
                              Geistig konzentriert arbeiten
                              Schneller und besser lernen
                              Einführung in Superlearning

☑ Entspannung

Nur wer lernt, sich zu lassen, wird gelassen!

Entspannung erleichtert das Lernen!

Entspannungsmethoden

- Autogenes Training
- Alpha-Training
- Bio-Feedback
- Meditation
- Progressive Muskelentspannung
- Einfache Suggestivspannung (siehe Literatur)

Faulheit ist der Humus des Geistes.

Entspannungsfördernde Bewegung

Entspannungsfördernde Übungen bringen Körper, Geist und Seele wieder ins Gleichgewicht, bewirken ein In-sich-hineinhören und sensibilisieren für die Wahrnehmung körperlicher Bedürfnisse. Durch den Einsatz von Entspannungsübungen, die über die Vorstellungskraft laufen und sich an Prinzipien des Autogenen Trainings wie auch der progressiven Muskelentspannung nach Jacobson orientieren, kommt es zur Verringerung von psychosomatischen Beschwerden, zu erholsamerem Schlaf und zu einer Leistungssteigerung des Gehirns. Den beiden Gehirnhälften entsprechend gibt es ein chinesisches Zeichen, das unser grundlegendes Lebensprinzip symbolisiert.

Yin   + Yang
Passivität   + Aktivität
Entspannung + Anspannung

Es geht Erwachsenen wie auch Kindern dann gut, wenn keine der beiden Seiten vernachlässigt wird. Damit Schüler körperlich und geistig voll leistungsfähig sein können, brauchen sie den ständigen Wechsel zwischen Anspannung und Entspannung. Entspannungsübungen sollten täglich durchgeführt werden und zwar vor allem zu Beginn einer Unterrichtsstunde. So wird Stress abgebaut und Denkblockaden haben keine Chance. Die Konzentration steigt und Fantasie und Kreativität werden aktiviert.

Mit Entspannungsübungen kann der Körper willlentlich von Leistung = Anspannung auf Erholung = Entspannung umschalten.

Entspannungsübungen bewirken:

- den Abbau von Stress
- die Verhinderung von Denkblockaden
- Konzentrationssteigerung
- das „Einschalten" der rechten Hirnhälfte
- mehr Fantasie und Kreativität
- leichtere Problemlösungen
- positive biochemische Veränderungen in den Zellen
- eine andere Hormonproduktion
- eine bessere Muskeldurchblutung
- eine bessere Sauerstoffversorgung
- eine Stärkung des Immunsystems

Entspannungsübungen für zwischendurch:

Setzen Sie sich in einen bequemen Stuhl und legen Sie Ihre Hände fest um die Lehne. Drücken Sie die Lehne so fest, als wollten Sie eine Zitrone ausdrücken. (Ballen Sie Ihre Hand zur Faust!)

Zählen Sie langsam bis 5. Lassen Sie los und konzentrieren Sie sich auf das Gefühl der Entspannung, der wohligen Erschlaffung, das nun, nach der intensiven Anspannung, ganz deutlich spürbar ist.

Trainieren Sie das Muskelanspannen und Muskelentspannen auch mit den Unterarmen, Oberarmen, Schultern, Bauchmuskeln, Gesäßmuskeln, Beinen, Füßen usw.

Machen Sie sich das entspannte Gefühl ganz bewusst. Achten Sie auf Ihren Atem:

Atemübung: ohm – maa – ha

Denken Sie bitte beim Einatmen die Silbe „ohm", beim Ausatmen die Silbe „maa" und dann, wenn schon kaum mehr Luft in der Lunge ist, atmen Sie mit der Silbe „ha" den letzten Rest aus (5- bis 10-mal).

 Müller, E.: Du spürst unter deinen Füßen das Gras

Aller Verstand muss sich zuletzt
im Unwesentlich-Wirklichen verlieren.
Die träumende Fantasie allein
findet den Aufstieg zum Wesentlich-Wahren.

(Walther Rathenau)

Entspannen Sie sich mit Fantasie

Stellen Sie sich z.B. Ihren letzten Urlaub vor, einen sehr angenehmen und erholsamen Tag.

Versuchen Sie, sich zu erinnern: an die Landschaft, an die Farben, an das Meeresrauschen, an Düfte …

Bio-Feedback

Unter Bio-Feedback versteht man die Messung biologischer Körperfunktionen und deren Umwandlung in optische und akustische Signale mit Hilfe von Messgeräten.

Beispiel: Ein Lernender bekommt durch unterschiedliche Pfeiftöne eine Rückmeldung über den Grad seiner Muskelentspannung.

Wer sich nicht mit den klassischen Entspannungstechniken vertraut machen möchte, hat mit der Bio-Feedback-Methode eine weitere Möglichkeit, Entspannung zu trainieren.

Bio-Feedback kann eingesetzt werden:

- bei der Tiefenentspannung
- bei der Konfliktbewältigung
- bei Stress
- beim Lernen

Bewegung für mehr geistige Leistungsfähigkeit:

- Stärkung der Konzentrationsfähigkeit
- Verbesserte Wahrnehmung
- Verbesserung des Kurzzeitgedächtnisses
- Anregung der Sinne
- Erleichterung des „Begreifens" eines Lernstoffes
- Beruhigung bei Stress und Verhinderung von Denkblockaden
- Anregung bei Müdigkeit
- Förderung der Zusammenarbeit beider Hirnhälften, also eine verstärkte Mitarbeit der rechten Hirnhälfte (bei Rechtshändern)
- Förderung kreativen Denkens
- Verbesserung der Problemlösefähigkeiten
- Bildung neuer Synapsen (Verbindungen zwischen den Gehirnzellen)
- Erschließung eines zusätzlichen Informationszuganges
- Schnellere Informationsverarbeitung – (schneller erkennen und schneller reagieren)
- Erreichung eines optimalen Aktionsniveaus des Gehirns
- Förderung vernetzten Denkens und Handelns
- Förderung der emotionalen Intelligenz
- Entscheidende Hilfe besonders für den kinästhetischen Lerntyp

☑ Ernährung

Wir leben nicht, um zu essen,
sondern wir essen, um zu leben.   (Sokrates)

Essen Sie richtig und zur rechten Zeit!

Wer geistig stets leistungsfähig sein möchte, sollte auch über seine Essgewohnheiten nachdenken.

Der Grund für die Müdigkeit nach dem Essen liegt darin, dass die Verdauungsorgane stärker durchblutet werden und das Gehirn in der Versorgung zu kurz kommt.

Es ist nicht nur gesünder, sondern auch lernbeeinflussend, 5 kleine Mahlzeiten zu sich zu nehmen als 3 große.

Der Magen wird nicht überlastet und die Durchblutung des Gehirns nicht herabgesetzt.

Nicht nur die Quantität der Mahlzeit, sondern auch die Qualität ist entscheidend, wenn Sie geistig fit sein wollen.

Frühstücken wie ein Kaiser!

Wer morgens ohne Frühstück oder nur mit einem Marmeladenbrötchen das Haus verlässt, kann sich sehr bald nicht mehr richtig konzentrieren. Denkfähigkeit und Merkfähigkeit nehmen im Laufe des Vormittags immer mehr ab, Müdigkeit, Gereiztheit oder auch Aggressionen nehmen zu.

Das Gehirn beansprucht 20–25 % der zugeführten Energie!
Es braucht nicht Fast Food, sondern Fitness-Food um optimale Leistungen zu erbringen.

Vollwertige Kohlenhydrate (Vollkornbrot, Müsli, …) vor und in den Pausen der geistiger Arbeit erhöhen die Konzentration und lassen den Schüler weniger Fehler machen. Weißbrot, Brötchen, Kuchen und andere Süßigkeiten am Morgen mindern die Leistungsfähigkeit. Es kommt zu einer kurzfristigen schlagartigen Erhöhung des Blutzuckerspiegels, der dem Körper signalisiert, ab sofort ankommenden Zucker umzuwandeln und zu speichern und nicht mehr in die Blutbahn zu lassen. Folge: Der Blutzuckerspiegel fällt wenig später drastisch und bewirkt eine Unterzuckerung, die Konzentrationsschwäche, Abgeschlagenheit, Depressionen, Aggressivität, Schwindelgefühl usw. führt. Es ist also ein falscher Schluss anzunehmen, dass viel Süßigkeiten viel Energie schaffen. Genau das Gegenteil ist der Fall.

Richtige Ernährung ist
- arm an Zucker und Weißmehl
- arm an tierischen Fetten
- arm an Salz
- arm an Nahrungsmittelzusatzstoffen
- reich an Obst, Gemüse und Salaten
- reich an Vollkornprodukten

Bevorzugen Sie:
- pflanzliche Öle mit mehrfach ungesättigten Fettsäuren
- mageres Fleisch
- mageren Fisch (Fisch ist „Hirnnahrung")
- viel Joghurt, Quark und andere Milchprodukte
- viel Kräuter
- nukleinsäurereiche Nahrungsmittel
  (Linsen, Erbsen, Bohnen …)

Mineralstoffe (v. a. Magnesium) und Spurenelemente sind wichtig!

Achten Sie auf Ihren Cholesterinspiegel!
Ein hoher Cholesterinspiegel führt u. a. zu einer schlechteren Durchblutung des Gehirns und damit zu Müdigkeit, Konzentrationsproblemen und Erinnerungsschwierigkeiten.
Trinken Sie sehr viel!

Milch macht müde Lerner munter!
Milch enthält wichtige Aminosäuren, die dafür sorgen, dass die Informationen im Gehirn schnell und sicher weitergeleitet werden oder Informationen gut abrufbar sind.

Oppolzer, U.: Verflixt, wie lerne ich das?
DallaVia, G.: Powernahrung fürs Gehirn
Holler, J.: Das neue Gehirn
Power für die grauen Zellen
Holford, P./Colson, D.: Optimale Gehirnernährung für Kinder

 Fantasie

Fantasie ist wichtiger als Wissen.   (Albert Einstein)

Lernen Sie in Bildern

Pflanzen und Tiere der Evolutionsepochen:

<u>Quartär:</u> Ein Mensch reitet auf einem Mammut durch eine Ebene mit Quark.

<u>Teritiär:</u> Ein Thermometer ist umrankt mit Blütenpflanzen.

<u>Kreide:</u> Saurier fressen Kreide und fallen um.

<u>Jura:</u> Der Urvogel in einer Richterrobe in einem Gerichtssaal voller Saurier. An den Wänden hängen Schachteln mit Schachtelhalm.

<u>Trias:</u> Kleine Säugetiere spielen in einem Wald von Nacktsamern Triangel.

<u>Perm:</u> Die ersten Saurier brauchen einen Personalausweis.

<u>Karbon:</u> In riesigen Wäldern fressen die ersten Kriechtiere verkohlte Kartenspiele.

<u>Devon:</u> Demütig verbeugen sich die ersten Landpflanzen vor den Quastenflossern.

<u>Silur:</u> Eine Sirene heult, während Panzerfische aufmarschieren und blutrote Korallen am Straßenrand liegen.

<u>Ordovizium:</u> Die ersten Wirbeltiere tragen viele Orden.

Kambrium: Trilobiten werden mit einem Schwamm abge-
waschen, mit Ringelwürmern geschmückt und in eine
Kammer gesperrt, deren Boden mit Algen bedeckt ist.

Der Mensch ist zum Handeln geboren, nicht zum Grübeln.
(Jean-Jacques Rousseau)

Trainieren Sie Ihre Fantasie!

**Fantasietraining ist Gedächtnistraining,
ist Lerntraining, ist Entspannung.**

Unternehmen Sie eine Fantasiereise:
*Wie durch Zauberhand sind Sie plötzlich in einer mittelalterlichen
Stadt.*
*Gerade sind Sie durch eines der großen eisernen Stadttore gegangen
und nun spazieren Sie über holpriges Kopfsteinpflaster, an schmu-
cken alten Fachwerkhäusern vorbei. Die Straße biegt nach etwa
300 Metern rechts ab und Sie befinden sich auf dem Rathausplatz.
Ein aus Sandsteinen gebauter Brunnen mit einem riesigen Löwen-
kopf, aus dem das Wasser sprudelt, lässt Sie innehalten. Sie setzen
sich auf den Rand des Brunnens und kühlen Ihre Hände in dem
klaren Wasser.*

Ihr Blick fällt auf das Rathaus, an dessen Fenstern Blumenkästen mit leuchtend roten Geranien hängen. Die Äste der uralten Eiche neben dem Eingang berühren fast das Dach mit dem kupfernen kleinen Glockenturm. Sie spüren die warmen Sonnenstrahlen auf Ihrem Gesicht und fühlen sich rundherum wohl und zufrieden. Sie sind ganz ruhig und entspannt!

Die Turmuhr schlägt elf. Froh und heiter setzen Sie Ihren Weg durch diese zauberhafte Stadt fort und freuen sich schon auf das gemeinsame Mittagessen mit Ihren Freunden im alten Ratskeller.

Nach dem Ende der Fantasiereise wird tief durchgeatmet, die Hände werden zu Fäusten geballt und die Arme gestreckt und gereckt, um wieder vollkommen wach und im Hier und Jetzt zu sein.

Für einen Menschen mit einer starken Vorstellungskraft gibt es kein Vergessen!

 Müller, E.: Du spürst unter deinen Füßen das Gras
Oppolzer, U.: Kopfsalat und Glühbirne (für Kids)
Birkenbihl, V.: Stroh im Kopf?

Ein Bild sagt mehr als tausend Worte!

(Chinesische Weisheit)

Üben Sie sich in einer bilderreichen Sprache!

Je anschaulicher die Sprache ist, desto verständlicher und lernverstärkender ist sie.

Die Fantasie wird gefördert und damit die rechte Hirnhälfte eingesetzt. Das hat eine Erhöhung der Lernfähigkeit und der Konzentration zur Folge.

Beispiel: Versuchen Sie, die folgenden Sätze mit bildhaften Vergleichen zu ergänzen.

1. Ihre Augen waren so blau wie _____
2. Er war so dünn wie _____
3. Sie benahm sich so unausstehlich,
   dass man sie _____ nannte.
4. Das Kleid im Schaufenster war so bunt wie _____
5. Als sie aus der Sauna kamen,
   waren sie so durstig wie _____
6. Die Mädchen machten ihn zum Mittelpunkt der Party,
   und er fühlte sich wie _____
7. Während der Auseinandersetzung wurde ihr Ton
   so _____ wie _____

8. Es war höchste Zeit, dass er verschwand,
   der Boden _____

9. Wieder einmal sagte er genau das Richtige,
   er traf _____

10. Endlich hatte er es kapiert, der _____

Oppolzer, U.: Kopfsalat und Glühbirne (für Kids)
   Gedächtnistraining für Kids
   Verflixt, 100 Gedächtnisspiele
   Verflixt, das darf ich nicht vergessen! Bd. 1, 2 und 3
   Wortschatztraining von A–Z

Lösungsvorschlag:
1. … der Himmel an einem sonnigen Frühlingstag
2. … eine Bohnenstange
3. … Kratzbürste
4. … eine Blumenwiese an einem heiteren Sommertag
5. … ein Kamel
6. … der Hahn im Korb
7. … scharf wie eine Rasierklinge
8. … brannte unter seinen Füßen
9. … den Nagel auf den Kopf
10. … Groschen war gefallen

Eselsbrücken

Brücken baut, wer Hindernisse überwinden will!

(Aus China)

Bauen Sie Eselsbrücken!

Machen Sie sich ein Bild, um Gelerntes haltbar zu verbinden und jederzeit abrufen zu können. Die Vorstellung eines Begriffes erhöht die Gedächtnisleistung.

Benutzen Sie:

- **Merkverse:** 333: Bei Issos Keilerei. Wer nämlich mit h schreibt ist dämlich!

- **Reime:** Wo Werra sich und Fulda küssen, sie ihren Namen büßen müssen, und hier entsteht durch diesen Kuss der Weserfluss.
- **Verwandeln Sie abstrakte Formeln in Bilder:**
  Formel: $P = F/A$ Druck = Kraft / Fläche

Stellen Sie sich vor, wie ein kleines, zierliches Mädchen mit Stöckelschuhen und ein Zwei-Zentner-Mann mit Stiefeln über nassen Lehmboden gehen. Das Gewicht des Mädchens konzentriert sich im Wesentlichen auf 1 cm². Sie sinkt ein! Das Gewicht des Mannes hingegen verteilt sich auf die ganze Sohle. Es entsteht nur ein Abdruck.

- große Fläche – kleiner Druck
- kleine Fläche – großer Druck
- **Hilfssätze,** wenn es um das Merken einer bestimmten Reihenfolge geht. Je lustiger oder „verrückter" diese Sätze sind, desto besser werden Sie sich erinnern!
  Reihenfolge der Planeten von der Sonne aus:
  Mein Vater erklärt mir jeden Sonntag unsere Natur.
  Merkur, Venus, Erde, Mars, Jupiter, Saturn,
  Uranus, Neptun. (Pluto gilt nicht mehr als Planet.)

Oppolzer, U.: 4 – 7 – 6 – Rom war ex
Sawizki, E. R.: Lernvergnügen
Ettig, W.: Eselsbrücken

Fehler

Es ist ein großer Vorteil im Leben, die Fehler, aus denen man lernen kann, frühzeitig zu machen! (Winston Churchill)

Machen Sie es wie die Auster!

Die Auster umgibt ein eingedrungenes Sandkorn mit Perlmutt. Sie macht daraus eine Perle.

Fehler sind Orientierungshilfen!

Legen Sie eine Fehlersammlung an! (→ Rechtschreibhilfen)
Stellen Sie fest, welche Arten von Fehlern immer wieder auftreten (z. B. Grammatikfehler, Rechtschreibfehler, Zeichensetzung usw.) und legen Sie Listen oder Karteikarten an! Hierbei ist es angebracht, für die verschiedenen Fehlerarten auch unterschiedliche Farben zu verwenden, um schnell einen Überblick zu erhalten, wo Ihre Schwächen liegen. Heften Sie Zettel mit den Problemwörtern in korrekter Rechtschreibung an die Pinnwand oder machen Sie ein Lernposter!
Bei Flüchtigkeitsfehlern: Konzentrationstraining.

Schwächen, die man erkannt hat, sind leicht in Stärken zu verwandeln.

 Keller, G.: Lernen will gelernt sein!
Endres, W.: So macht Lernen Spaß

Fernsehen macht dumm

Der bekannte Hirnforscher Manfred Spitzer erläutert in seinen Büchern und Filmen wissenschaftliche Studien zum Thema Fernsehen. In diesen Studien wurde festgestellt:
Kinder schlafen durchschnittlich 7–8 Stunden.
Kinder schauen durchschnittlich 5–6 Stunden fern.
Der intensive Fernsehkonsum in der Kindheit (5–15 Jahre).

- führt zu Übergewicht als Erwachsener.
- führt zu einem höheren Cholesterinspiegel im Alter von 30 Jahren.
- führt zu einem verstärkten Risiko zu rauchen.
- führt zu Bewegungsmangel.
- führt zu Lesestörungen.

Beim Fernsehen nimmt der Muskeltonus ab.
Beim Fernsehen braucht der Körper 250 Kalorien weniger, als wenn man nichts tut.
Zuviel Fernsehen verführt zum Knabbern von ungesunden, dickmachenden Lebensmitteln zwischendurch.
Zuviel Fernsehen beeinflusst den Bildungsstand.
Zuviel Fernsehen erhöht die Gewaltbereitschaft

 Spitzer, M.: Lernen – Gehirnforschung und die Schule des Lebens
Braintertainment
Schokolade im Gehirn

☑ **Fragetechnik**

Wer fragt, ist vielleicht ein Narr für fünf Minuten.
Wer nicht fragt, bleibt ein Narr für immer.　　(Aus China)

Wer fragt, gewinnt!

Dumm ist nur die Frage, die nicht gestellt wird!
Fragen Sie also, so oft die Möglichkeit besteht.
Sie motivieren den Dozenten, da er spürt, dass Sie ihm zuhören.
Sie zeigen, dass Sie mitten im Stoff sind.
Sie schaffen eine gewisse Vertrauensbasis.
Sie gewinnen Zeit, den nächsten Gedanken zu formulieren.
Sie bleiben konzentriert bei der Sache.

Es gibt unterschiedliche Frageformen:
Rückfragen: „Meinen Sie damit …?"
Schlussfolgerung: „Wenn das so ist, folgt dann daraus …?"
Umformulierung: „Könnte ich das, was Sie sagten, auch so formulieren …?"
Zusatzfrage: „Und was folgt aus dieser Tatsache, die Sie gerade erläutert haben?"

Fragen erleichtern das Lernen
und führen zum Erfolg:

1. Warum?	Warum ist das Lernen wichtig? Warum komme ich nicht weiter?
2. Was?	Was weiß ich bereits? Was wäre, wenn ich in Zukunft anders lernen würde? Was muss ich tun, damit ich mir schneller etwas merke? Was ist der nächste Schritt?
3. Wie?	Wie erreiche ich mein Ziel? Wie stelle ich mir den Weg zu meinem Ziel vor?
4. Welche?	Welche Hilfsmittel und Möglichkeiten gibt es?
5. Wo?	Wo gibt es Hilfen und Anregungen? Wo will ich hin?
6. Wann?	Wann will ich mein Ziel erreichen?

Correll, W.: Lernschwächen und Leistungsstörungen
Graichen, W. U./Seiwert, L. J.: Das ABC der Arbeitsfreude
Oppolzer, U.: Verflixt, wie lerne ich das?

Man muss viel gelernt haben,
um über das, was man nicht weiß,
fragen zu können. (Jean-Jacques Rousseau)

Frauen lernen anders

Frauen lernen meistens leichter Sprachen

Grund: Das Sprachzentrum ist größer, und Frauen setzen beide Hirnhälften beim Sprachenlernen gleichermaßen ein. Durch die stärkere Verbindung – („Balken") der Hirnhälften, können sie schneller und intensiver zwischen der linken und der rechten Hirnhälfte hin- und herschalten.

Wenn es um Wortfindung und Sprachgewandtheit geht, sind Frauen im Vorteil.

Bei Frauen ist die Wahrnehmungsgeschwindigkeit meistens höher. Sie erkennen z. B. schneller zusammenpassende Objekte. Frauen können besser zuhören! Sie hören „beidohrig".

Frauen erinnern sich oft besser an markante Punkte eines Weges!

Frauen erledigen bestimmte manuelle Präzisionsaufgaben oft schneller.

Je „weiblicher" oder „männlicher" ein Gehirn ausgeprägt ist, desto mehr treffen die Feststellungen zu.

Männer können abstrakter denken!

Grund: Bei den meisten männlichen Gehirnen kommt es zu einer Dominanz der linken Hirnhälfte. Jungen haben oft ein besseres räumliches Vorstellungsvermögen! Sie können meistens besser einen Stadtplan oder eine Straßenkarte lesen. Grund: Der Bereich, der für die räumliche Vorstellung zuständig ist – in der rechten Hirnhälfte – ist bei männlichen Gehirnen um 10–15 % stärker ausgebildet.

Männer können besser mathematische Schlussfolgerungen ziehen.

Grund: Dominanz der linken Hirnhälfte

Männer sind bei zielgerichteten motorischen Fähigkeiten im Vorteil.

Männer hören meistens nur mit einem Ohr zu und zwar dem rechten, das mit der linken Hirnhälfte in Verbindung steht.

Männer erinnern sich oft besser an den Verlauf eines Weges, weniger an markante Punkte.

 Rubner, J.: Was Frauen und Männer so im Kopf haben

☑ Ganzheitliches Gehirntraining

Ein ganzheitliches Gehirntraining umfasst nicht nur unterschiedliche Übungen, die alle Gehirnfunktionen fördern – Wortspiele, Gedächtnisspiele, Fantasiereisen, Kreativübungen –, sondern zusätzlich Bewegungsübungen, Fingerübungen sowie Atem- und Entspannungsübungen.

Dieses ganzheitliche Gehirntraining ist in der Schule einsetzbar, um Konzentration, Merkfähigkeit und vor allem die Motivation zu erhöhen. Bei Berufstätigen bewirkt dieses Training ebenfalls eine bessere Konzentrations- und Merkfähigkeit, weckt Fantasie und Kreativität für Problemlösungen und baut Stress ab. Für den alten Menschen ist das ganzheitliche Gehirntraining besonders wichtig, da die beruflichen Anforderungen wegfallen und die alltäglichen geringer werden – „Wer rastet, der rostet".

Gehirntraining beeinflusst nicht nur die Gehirndurchblutung und den Hirnstoffwechsel – wirkt einer Arteriosklerose entgegen –, sondern trägt auch zu einer besseren Durchblutung sämtlicher Organe des Körpers bei. Im Gehirn werden Stoffe freigesetzt, die eine positive Stimmungslage begünstigen, und die Wirkung bestimmter Medikamente kann sich steigern.

Macht das Gehirntraining Spaß, kommt es zu Erfolgserlebnissen, mehr Selbstvertrauen und damit zu mehr Kreativität und Aktivität. In der Schule führt das zu einer Leistungssteigerung, im Beruf zu schnellerer und besserer Problemlösung, im Alter zu mehr Umweltkontakten, einer positiven Beeinflussung der Gesundheit und zu mehr Freude.

 Oppolzer, U.: Verflixt, das darf ich nicht vergessen! (Bd. 1, 2 und 3)
Gehirntraining mit Fantasie und Spaß (Kids)
Kopfsalat und Glühbirne (für Kids)
Gedächtnistraining für Kids

Überblick: Ganzheitliches Gehirntraining

☑ Ganzheitliche Wahrnehmung

Man sieht nur mit dem Herzen gut!
Das Wesentliche ist für die Augen unsichtbar.

(Antoine de Saint-Exupéry)

Unsere Wahrnehmung ist ganzheitlich! Das bedeutet, dass wir nicht nur das aufnehmen, was wir wollen, was uns bewusst ist und wichtig erscheint, sondern auch alle Nebensächlichkeiten drumherum.

Stellen Sie sich vor, Sie sitzen im Wohnzimmer und lesen ein interessantes Buch. Plötzlich klingelt das Telefon im Flur. Sie stehen auf, und während Sie den Hörer abnehmen, sind Ihre Gedanken noch bei dem spannenden Krimi. Sie sollen Ihrem Partner eine wichtige Bestellung ausrichten. Es werden Zahlen und Namen genannt. Der Kugelschreiber funktioniert nicht, aber Sie sind sicher, sich alles merken zu können.

Als Sie jedoch aufgelegt haben und in der Küche Block und Bleistift finden, ist alles wie weggeblasen. Sie gehen ärgerlich zum Telefon, um Ihren Partner anzurufen, und als Sie den Hörer aufnehmen, kommt die Erinnerung zurück. Ihr Gehirn hatte die wichtigen Informationen zusammen mit der Wahrnehmung des Spiegels, der Blumenvase, dem Duft der Rosen, dem Mantel usw. gespeichert. Nun, da Sie den Duft riechen und die Gegenstände sehen, erinnern Sie sich auch an die für Sie wichtigen Informationen.

Folgerungen für das Lernen:

- Fakten, die zu Verwechslungen führen können, nicht nebeneinander schreiben oder zur gleichen Zeit lernen (z. B. Wörter mit „ss" und „ß").
- Wiederholungen und Abfragungen in einem anderen Raum.
- Verschiedene Sprachen in unterschiedlichen Räumen lernen.
- Für Vokabeln Karteikarten verwenden.
- Zusammenhängende Fakten auf eine Seite schreiben.
- Für ähnliche Vokabeln, Fachbegriffe und Lernstoffe unterschiedliche Farben verwenden.

 Vester, F.: Denken, Lernen, Vergessen

☑ Gedächtnis

Wer ein schlechtes Gedächtnis hat, wird nicht darum herumkommen, seine Fehler zu wiederholen!

(Indisches Sprichwort)

Haben Sie ein gutes Gedächtnis?

Die meisten Menschen beantworten diese Frage nur sehr zögernd oder mit einem deutlichen „Nein".

Dabei sind die Gedächtnisschwächen sehr verschieden. Der eine klagt über ein mangelhaftes Zahlengedächtnis, während der andere mit Namen Schwierigkeiten hat. Ein provozierender Satz lautet:

> Es gibt kein schlechtes Gedächtnis – es gibt nur Interesse und Desinteresse.

Tatsachen, die mit starken Gefühlen verbunden sind, ob positiv oder negativ, werden meistens sofort fest gespeichert, während uns die unauffälligen, alltäglichen Dinge, die wir uns merken müssen, oft Probleme bereiten.

Jede Information, die wir aufnehmen, muss drei Stufen „erklimmen", um im Langzeitgedächtnis für immer gespeichert zu werden.

Ständig stürmt eine Flut von Reizen auf uns ein, und jeder Mensch trifft seine individuelle Auswahl.

Jeder Mensch sieht die Welt anders!
Jeder sieht, was er denkt!

Es hängt von Ihrem Interesse und Ihrer damit verbundenen Aufmerksamkeit ab, ob Sie bei einem Einkaufsbummel auf bestimmte Autotypen achten, auf die neuen Modefarben in den Schaufenstern oder auf die Gesichter, die Ihnen entgegenkommen.

Wenn Sie alle Informationen gleichzeitig aufnehmen und speichern würden, gäbe es im Gehirn sicher einen Zusammenbruch.

Alle aufgenommenen Informationen kreisen zunächst ca. 20−30 Sek. als elektrische Schwingungen im Ultrakurzzeitgedächtnis. Stellen wir in dieser Zeit eine Gedankenverbindung her, finden wir also einen „Aufhänger", so wird die Information an das Kurzzeitgedächtnis weitergeleitet und in einen chemischen Stoff umgewandelt, der dann im Langzeitgedächtnis in Form eines Codes (über das gesamte Großhirn ausgebreitet) für immer gespeichert wird.

Unordnung erschwert das Finden

Wenn Sie eine Information nicht abrufen können, die bereits im Langzeitgedächtnis ist, haben Sie vielleicht gerade eine Denkblockade; die Information wurde lange nicht benutzt. Die Information wurde nur in einem bestimmten Zusammenhang abgespeichert und nicht mit unterschiedlichen Assoziationen verknüpft. So ist das Finden sehr mühsam.

Wahrscheinlich haben Sie das Gefühl: „Ich weiß es, es liegt mir auf der Zunge", können den Begriff, den Namen oder den Sachverhalt aber nicht benennen. Manchmal dauert es nur Sekunden oder Minuten und manchmal Tage, bis der Groschen fällt; oft in Situationen, in denen wir überhaupt nicht daran denken. Wenn es Tage dauert, war die Information gut „versteckt", und Ihr Gehirn hat die ganze Zeit gesucht, während Sie anderen Beschäftigungen nachgegangen sind. Das Nicht-dran-Denken führt eher zum Erfolg als das krampfhafte Suchen, denn auch dabei kann es zu Denkblockaden kommen. Das Gehirn arbeitet wie eine Hausfrau. Dinge, die oft benutzt werden, liegen griffbereit, während der Skipullover, der nur zum Wintersport gebraucht wird, vielleicht in einem Koffer auf dem Dachboden aufbewahrt wird.

Wenden Sie gelerntes Wissen regelmäßig an, ist es auch immer da, wenn Sie es brauchen. Es sei denn, Sie stehen derart unter Stress, dass es ebenso wie bei dem krampfhaften

Suchen zu Denkblockaden kommt, die ja ein Abrufen der Informationen unmöglich machen.

Wenn Sie sich vorstellen, dass unser Gehirn mindestens 5000-mal so viele Zellen hat wie die Stadt Hamburg Zimmer, es jedoch kein Straßenverzeichnis und Adressenverzeichnis für das Gehirn gibt, dann wird klar, wie schwierig es sein kann, eine Information „wiederzufinden", und wie wichtig es ist, <u>die Information in möglichst viele Zusammenhänge zu stellen</u>, Bilder mitzuliefern, richtig zu organisieren und einzuordnen. So genannte **Schlüsselbegriffe,** unter denen wir etwas abspeichern, helfen uns später, Informationen gezielt abzurufen.

Und noch etwas wird deutlich: <u>Wiederholungen sind unbedingt erforderlich, um schneller und sicherer den richtigen „Weg" zu finden.</u>

Gedächtnistraining sorgt dafür, dass keine „Straßen" = Nervenbahnen blockiert sind und neuer Stoff ordnungsgemäß gespeichert wird. Wenn Sie Schwierigkeiten beim Erinnern haben, stellen Sie sich Detailfragen, damit Ihre rechte Hirnhälfte wichtige Informationen aus dem Unbewussten holen kann.

Vester, F.: Denken, Lernen, Vergessen
Oppolzer, U.: Verflixt, das darf ich nicht vergessen! Bd. 1, 2 und 3
      Verflixt, 100 Gedächtnisspiele
      Verflixt, das darf ich nicht vergessen! Die 50er Jahre
      Das große Brain-Fitness-Buch
      Gedächtnistraining für Kids

☑ Gedächtnisstufen

Die Erinnerung ist das einzige Paradies, aus dem wir nicht mehr vertrieben werden können!   (Jean Paul)

Stufen des Gedächtnisses

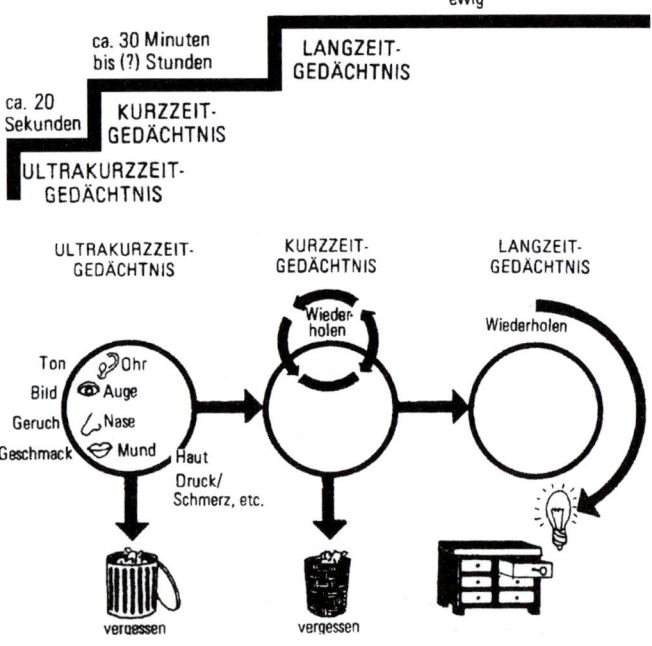

(Abb. aus: Vester, F.: Denken, Lernen, Vergessen)

Gedächtnistechniken

Gewusst wie ...

**Machen Sie es wie der schlaue Igel
und nicht wie der Hase!**
Lernen Sie mit Köpfchen und setzen Sie so oft wie möglich
Gedächtnistechniken ein, die Ihnen auf die Sprünge helfen:

Assoziationstechnik   Kettenmethode

Geschichtentechnik   Lokalisationstechnik

Reimtechnik   ABC-Technik

Termintechnik   „Taschentrick"

„Dusch-Technik"   „Spiegel-Technik"

„Stein-Technik"   Zahlenmerkworttechnik I, II und II

 Minninger, J.: Gutes Gedächtnis – das Erfolgsgeheimnis
Stenger, Ch.: Das Gummibärchen im Spinat
Oppolzer, U: Verflixt, wie lerne ich das?
Hüholdt, J.: Wunderland des Lernens

Wer wagt, gewinnt!

Assoziationstechnik

Hierbei geht es um das Herstellen von Gedankenverbindungen. Der neue Begriff und der spontan dazu auftretende Gedanke werden in einem Bild miteinander verbunden. (Assoziation = Gedankenverbindung) Beispiel: Apfel und Eva

Kettenmethode

Bei dieser Methode werden die zu lernenden Begriffe wie die Glieder einer Kette so aneinander gehängt, dass die richtige Reihenfolge erhalten bleibt.

Beispiel: „Reiseroute"
Bahnhof – Fitnesscenter – Schuhgeschäft – Kreuzung – Rathaus – Park – Kirche – Internetcafé
Sie kommen am Bahnhof an, wenden sich nach rechts, gehen am Fitnesscenter vorbei und an einem Schuhgeschäft. Bei der Kreuzung biegen Sie links ab, kommen am Rathaus vorbei und nehmen die Abkürzung durch den Park. Von Weitem sehen Sie schon den Kirchturm. Rechts neben der Kirche ist Ihr Ziel, das Internetcafé.

Wichtig ist, sich nicht nur einzelne Bilder vorzustellen, sondern praktisch einen „Film" zu drehen; mit der Kamera ganz langsam von einem Begriff zum nächsten zu schwen-

ken, sodass die Begriffe wirklich miteinander „verknüpft"
werden.

Geschichtentechnik

Sie merken sich Hochzeitstage, Geburtstage und andere
wichtige Termin ganz leicht, wenn Sie z. B. eine kleine
Geschichte erfinden. Die Geschichtentechnik beruht auf
der Kettenmethode. Die zu lernenden Begriffe werden in
eine möglichst lustige und ausgefallene Geschichte gepackt.

Wieder ist es wichtig, einen „Film" zu drehen, wenn möglich einen lustigen, vielleicht sogar verrückten. Je witziger
und auffallender die Gedankenbilder sind, desto besser die
Speicherung.

Beispiel:
Liebespaar – rote Bank – Eiche – See – Schwanenpaar – voll-
besetzter Ausflugsdampfer – Mandolinenklänge – Traum –
weißes Hochzeitskleid – Südseeinsel – Palmen – Kuss
Ihre Geschichte könnte lauten: Ein Liebespaar sitzt auf einer
roten Bank unter einer Eiche am See und beobachtet ein
Schwanenpaar, das sich immer weiter entfernt und hinter
einem vollbesetzten Ausflugsdampfer verschwindet. Der
Wind trägt Mandolinenklänge herüber und das Liebespaar
träumt vom weißen Hochzeitskleid, einer Reise zu einer
Südseeinsel und einem Kuss unter Palmen.

Lokalisationstechnik

Ein Lokaltermin ist ein Ortstermin, und so geht es bei der Lokalisationstechnik darum, die wichtigen Begriffe an bestimmten Orten „aufzuhängen". Es bietet sich an, mit dem eigenen Wohnzimmer zu beginnen und die Begriffe in Gedanken, in der Fantasie, an die Wände zu malen, in die Ecken zu stellen, auf den Fußboden zu legen, an die Decke oder an bestimmte Gegenstände zu hängen. Der Weg beginnt immer an der Zimmertür und geht dann weiter nach rechts herum.

Beispiel: Einkauf
An der Zimmertür ist ein großer Fisch gemalt, die Fenster sind mit Zeitschriften verklebt, in der ersten Ecke steht ein Turm aus Erbsendosen, die Couch ist voller Haferflocken usw.

Eine andere Möglichkeit ist, sich in Gedanken einen Weg vorzustellen, den Sie oft gehen und genau kennen. Dann verbinden Sie die zu merkenden Begriffe mit bestimmten Orten auf diesem Weg.

Reimtechnik

Merken Sie sich zunächst zu jeder Zahl von 1 bis 12 einen Reim:

Um eins kommt der Hein

Um zwei fang ich einen Hai

Um drei gibt es Brei

Um vier spiele ich Klavier

Um fünf laufe ich auf Strümpf'

Um sechs kommt die kleine Hex'

Um sieben gibt es Rüben

Um acht spiele ich Schach

Um neun gehen wir in die Scheun'

Um zehn kommen die Feen

Um elf sitz ich auf dem Schelf

Um zwölf kommen dann die Wölf'

…

Jetzt können Sie z. B. Telefonnummern in Ihrer Vorstellung mit diesen Reimwörtern bildhaft verbinden und in eine kleine Geschichte packen.

Beispiel: Ihr Chef hat die Nummer: 5 4 3 7 4 8. Er geht auf Strümpfen zum Klavier, isst dort Brei mit roten Rüben, spielt dann Klavier und träumt dabei vom Schachspielen

ABC-Technik

Hierbei wird zunächst zu den einzelnen Buchstaben des Alphabets in Gedanken ein Bild gemalt.

z. B.: A = Affe   B = Ball   C = Cola …
Wenn Sie diese Bilder jederzeit abrufen können, so haben Sie die Grundlage geschaffen für weiteres optimales Behalten. Wichtige Begriffe verbinden Sie nun mit den ABC-Bildern und eine richtige Reihenfolge ist gewährleistet.

Beispiel Einkauf: Orangen, Marmelade, Spaghetti, …
Der Affe spielt mit Orangen, der Ball ist mit Marmelade beschmiert, die Cola wird mit Spaghetti umwickelt.

Diese ABC-Technik können Sie auch gut für die Rechtschreibung benutzen. Wenn Ihr Kind z. B. nicht weiß, wie Akkordeon geschrieben wird, dann malen Sie das Bild, dass zwei Kamele gemeinsam auf einem Akkordeon spielen.

Termintechnik

Wenn Sie in Zukunft keinen Termin mehr vergessen wollen, stellen Sie sich zunächst in Anlehnung an das ERKO-System für 12 Stunden 12 Tätigkeiten vor.

(1 = T / 2 = N / 3 = M / 4 = R / 5 = L / 6 = SCH /
7 = G / 8 = F / 9 = B / 10 = T bzw. D − S / 11 = T − T /
12 = T − N)

1 = eine Tasse Tee trinken

2 = Nougat naschen

3 = Musik machen

4 = rauchen

5 = lachen

6 = schlafen

7 = Geige spielen

8 = fotografieren

9 = Blumen binden

10 = Dosen öffnen

11 = Tüten schleppen

12 = mit Ton töpfern

Wenn Sie sich diese Bilder eingeprägt haben, können Sie Ihre Termine und Erledigungen fantasievoll mit diesen Tätigkeiten verbinden.

Beispiel: Um 9 Uhr bringen Sie Ihr Auto in die Werkstatt und binden für den Werkstattmeister einen Blumenstrauß.

„Taschentrick"

Wenn Sie in einer Konferenz, bei einer Diskussion oder bei einem Vortrag keinen Stichwortzettel benutzen wollen, probieren Sie es mit dem „Taschentrick".

Legen Sie sich zu Hause ein paar kleine Gegenstände zurecht, die Sie leicht in ihre Hosentasche oder Jackentasche stecken können: z. B. ein Cent-Stück, einen Radiergummi, eine Büroklammer, ein Streichholz, ein Wattebällchen …

Nun nehmen Sie das Cent-Stück in Ihre Hand, fühlen es und stellen sich das erste zu merkende Stichwort in Verbindung mit dem Cent vor. Sehen Sie in Gedanken ein Bild: „Stichwort mit Cent". Dann nehmen Sie den Radiergummi in die Hand und verbinden in Gedanken Ihr zweites Stichwort mit dem Radiergummi.

Wenn Sie alle Stichwörter entsprechenden Gegenständen zugeordnet haben, können Sie die Gegenstände in Ihrer Hosentasche verschwinden lassen und sicher zu Ihrem Meeting gehen. Sie werden keinen wichtigen Punkt vergessen, denn Sie brauchen nur die kleinen Gegenstände zu fühlen und schon werden die Stichwörter auftauchen.

Die Erinnerung kommt automatisch und Sie werden gelassen argumentieren oder referieren und bei Ihren Zuhörern Eindruck machen, weil Sie alle Infos jederzeit parat haben.

„Dusch-Technik"

Bereits morgens können Sie Ihr Gedächtnis stärken.

Wenn Sie keine Termine vergessen wollen, dann stellen Sie sich – vielleicht unter der Dusche oder auf dem stillen Örtchen – eine riesengroße Bahnhofsuhr vor und verknüpfen sie mit viel Fantasie Ihre zu erledigenden Aufgaben und Termine mit den Ziffern der Uhr. „Malen" Sie ein entsprechendes Gedankenbild. Je lustiger und „verrückter" Ihre Gedankenbilder sind, desto sicherer beginnen Sie den Tag. Sie werden heute nichts vergessen, wenn Sie ab und zu die Bahnhofsuhr vor Augen haben.

Beispiel: Um 10 Uhr treffen Sie sich mit dem Kunden Herrn Wagner. Auf Ihrer Uhr steht neben der 10 entweder Ihr eigener Wagen oder der, von dem Sie schon die ganze Zeit träumen.

Um 15 Uhr müssen Sie zum Zahnarzt. Sie platzieren die reizende Sprechstundenhilfe des Zahnarztes oder sich selbst im Zahnarztstuhl neben die 15.

„Spiegel-Technik"

Wenn Sie keinen Einkaufszettel schreiben und Ihren Partner oder Ihren Freund/Ihre Freundin mit Ihrem Supergedächtnis beeindrucken wollen, dann versuchen Sie es doch einmal mit der Spiegeltechnik.

Sie stehen zunächst vor einem großen Spiegel und Ihr Spiegelbild bringt Sie zum Lachen:

Auf dem Kopf – kunstvoll drapiert – ein Kopf Salat. Um Ihren Hals sind viel zu weich gekochte Spaghetti geschlungen und ihren weißen Pullover haben Sie mit Tomatenketchup bekleckert. Der Pullover hat ein Lochmuster und aus jedem Loch schaut ein Pommes frites. Um Ihre Arme sind jeweils zwei Rouladen gewickelt, in der einen Hand halten Sie ein Glas Senf, in der anderen Hand ein Glas Gewürzgurken. Weil Sie nicht aufgepasst haben, ist auf jedem Hosenbein ein Becher Joghurt gelandet. Zum Schluss schauen Sie auf Ihre nackten Füße. Zwischen den Zehen des rechten Fußes sprießt Schnittlauch, während zwischen den Zehen des linken Fußes Petersilie gedeiht.

Wenn Sie dieses Spiegelbild genau vor sich sehen, brauchen Sie den Einkaufszettel nur, um sich an der Kasse noch einmal zu vergewissern, dass die Fantasie Ihnen keinen Streich gespielt hat.

„Stein-Technik"

Wenn Sie auch zu den Menschen gehören, die im Urlaub Steine oder Muscheln sammeln, dann können Sie in Gedanken wichtige Termine und Erledigungen mit diesen Steinen oder Muscheln verbinden und dann auf Ihrem Schreibtisch aufreihen. Immer Wenn Sie etwas erledigt haben, nehmen

Sie den entsprechenden Stein weg. So vergessen Sie garantiert nicht – auch wenn es noch so stressig zugeht –, Ihrem Partner den Blumenstrauß oder den gewünschten Gegenstand mitzubringen.

Diese „Stein-Technik" beeinflusst Sie außerdem sehr positiv und motiviert Sie, zügig weiterzuarbeiten, da Sie immer vor Augen haben, was Sie bereits geschafft haben.
Es ist ein wunderbares Gefühl, einen Stein zu entfernen und zu sehen, wie es immer weniger werden.

Zahlenmerkworttechnik I

Kennen Sie die Telefonnummer des Klapperstorches?
251493
Wenn zwei in fünf Minuten eins sind, wissen Sie in vier Wochen, ob sie in neun Monaten zu dritt sein werden.

Sie können natürlich zu jeder Telefonnummer eine kleine lustige Geschichte erfinden. Nicht immer ist es jedoch so einfach wie bei der Klapperstorchnummer.

Wenn Ihnen nicht gleich etwas Passendes einfällt, schreiben Sie von den Ziffern der zu merkenden Nummer den jeweils ersten Buchstaben auf und versuchen dann einen möglichst bildhaften Satz zu kreieren, in dem jedes Wort mit dem entsprechenden Buchstaben beginnt.

Beispiel:

Nummer eines Vereinsvorsitzenden:

4	7	5	4	9	8
V	SI	F	V	N	A

Viele singende fantasievolle Vereinsmitglieder necken Azubis.

Zahlenmerkworttechnik II

Bei dieser Gedächtnistechnik geht es um das Lernen mit Merkwörtern. In diesem Fall merken Sie sich zunächst spontan auftretende Begriffe zu Zahlen. Wichtig dabei ist, dass das Bild der Vorstellung die Zahl symbolisiert und dass beim Nennen der Zahl das Bild sofort einfällt.

z. B.

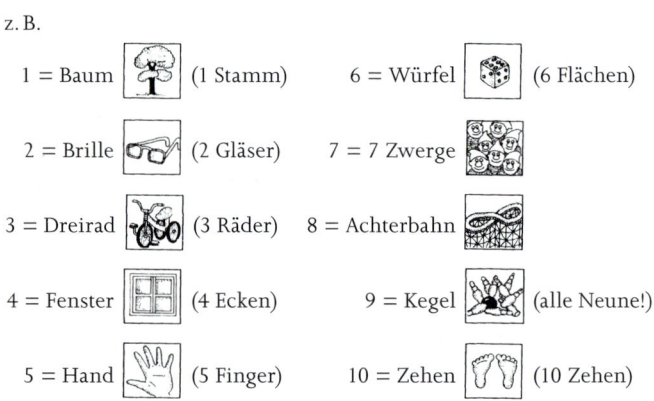

1 = Baum (1 Stamm) 6 = Würfel (6 Flächen)

2 = Brille (2 Gläser) 7 = 7 Zwerge

3 = Dreirad (3 Räder) 8 = Achterbahn

4 = Fenster (4 Ecken) 9 = Kegel (alle Neune!)

5 = Hand (5 Finger) 10 = Zehen (10 Zehen)

Anschließend verbinden Sie diese Zahlenmerkwörter mit den neu zu lernenden Fakten.

Erkosystem = Zahlenmethode

Wer Schwierigkeiten beim Zahlenmerken hat, und wer seine rechte Gehirnhälfte so richtig in Schwung bringen möchte, erarbeitet sich die Zahlenmerkworttechnik oder auch = Erkosystem genannt. Diese Methode erinnert zunächst an Geheimschriften mit einem speziellen Code.

Zahlen bekommen willkürlich die Bedeutung von Mitlauten.

z. B.: 1 = T, D   6 = X, CH, SCH
        2 = N   7 = G, K
        3 = M   8 = F, V, PF
        4 = R   9 = P, B
        5 = L   0 = S, Z

Wie Sie sicher festgestellt haben, fehlen alle Vokale. Das hat seinen Sinn, denn nun können Sie mithilfe der jeweiligen Konsonanten und beliebig einsetzbarer Vokale Wörter bilden, die Sie in Ihrer Fantasie in Bilder umwandeln. Die Buchstaben W, H, Y + J können Sie als „Joker" verwenden.

z. B.: 1 = T, D   Tee   6 = X   Hexe
        2 = N   Noah   7 = G, K   Kuh
        3 = M   Mao oder OMO   8 = F, V   Fee
        4 = R   Reh   9 = P, B   Po, Bau
        5 = L   Leu = Löwe   0 = S, Z   See, Zoo

Diese Liste können Sie beliebig fortsetzen.

10 = 1 + 0 = D + S = Dose
11 = 1 + 1 = T + T = Tüte

20 = 2 + 0 = N + S = Nase
20 = 2 + 1 = N + T = Note

30 = 3 + 0 = M + S = Maus
35 = 3 + L = M + L = Mal

Es fällt auf, dass die Begriffe der Zwanzigerreihe immer mit „N" beginnen und die der Dreißigerreihe immer mit M usw.

Beispiele: 314 = M + T + R = Motor;
1700127 = T + G + S + Z + T + N + G
= Tageszeitung

Sie sehen, mit dieser Technik brauchen Sie auch für große Zahlen oft nur ein einziges Wort.
Sie können also Ihre Geheimzahlen, Kontonummern usw. in Begriffe umwandeln, in Ihr Notizbuch schreiben oder fantasievoll im Gehirn abspeichern. Passwörter wandeln Sie entsprechend in eine Zahl um und speichern sie in Ihrem Telefonregister.

Reicht ein Wort für Ihre Telefonnummer oder Ihre Bankleitzahl nicht aus, bilden Sie einen fantasievollen Satz.
Beispiel: Frau Müller hat die Telefonnummer 0975 82733
Frau Müller steht vor dem S P ie G e L,

                  09   7   5

hält einen F ö N und einen K a MM

      8   2   7   3 3

Mit dieser Technik trainieren Sie optimal Fantasie und Kreativität und damit Ihre rechte Hirnhälfte.

Übrigens: Wenn Sie bewusst wahrnehmen und sich einprägen, welche Bewegungen Sie mit dem Finger beim Wählen einer Telefonnummer ausführen, speichern Sie diese Bewegung und erinnern sich so leichter. Wenn Sie z. B. die Nummer 159753 wählen, „malen" Sie ein X. Stellen Sie sich dieses X zusätzlich auf der Stirn oder dem T-Shirt der entsprechenden Person vor, können Sie sie jederzeit mühelos abrufen.

Minninger, J.: Gutes Gedächtnis – das Erfolgsgeheimnis
Oppolzer, U.: Verflixt, wie lerne ich das?
               Verflixt, das darf ich nicht vergessen! Bd. 1, 2 und 3
Buzan, T.:   Nichts vergessen!
Hüholdt, J.: Wunderland des Lernens

☑ Gehirnhälften

Je weniger Hirn man im Kopf hat,
desto mehr ist für Dummheiten Platz.   (Gerhard Reichel)

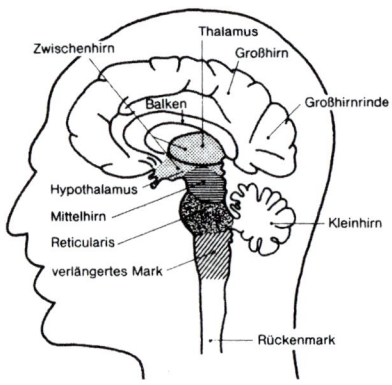

(Abb. aus: G. Beyer: Erfolgreich lernen – Superlearning)

Das Gehirn

■ eine geheimnisvolle, gallertartige Masse mit vielen Milliarden Nervenzellen.

Wichtig für unser Denken und Bewusstsein, für Erinnerung, Kombination, Lernen und Vergessen ist das Großhirn, ein zusammengefalteter Lappen von ca. 1/2 m² Fläche.
Es erinnert uns an eine Walnuss.

So wie die Walnuss besteht auch unser Gehirn aus zwei Hälften, die durch einen „Balken" miteinander verbunden sind. Beide Hirnhälften haben verschiedene Aufgaben zu erfüllen.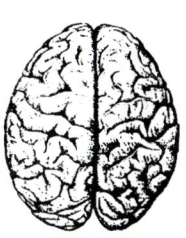

Linke Gehirnhälfte	**Rechte Gehirnhälfte**
Sprache – Lesen – Rechnen	Körpersprache – Bildersprache
Ratio – Logik	Intuition – Gefühl
Regeln/Gesetze	Kreativität – Spontaneität
Konzentration	Sprunghaftigkeit
auf einen Punkt	Neugier – Spielen – Risiko
Analyse – Detail	Synthese – Überblick
Wissenschaft	Kunst – Tanz – Musik …
Schritt für Schritt	Ganzheitlich
Einzelheiten	Zusammenhänge
Zeitempfinden	Raumempfinden

Zwei Seelen wohnen ach in meiner Brust …
(Johann Wolfang von Goethe, Faust)

Stellen Sie sich unser Gehirn als ein Büro vor, das in der Mitte geteilt ist. Links und rechts steht jeweils ein Schreibtisch. Die beiden Herren, die hier arbeiten, haben die verschiedensten Aufgaben zu erfüllen und sehr unterschiedlich viel zu tun.

Birkenbihl, V.: Stroh im Kopf?
Spinola, R./Peschanel, F. D.: Das Hirn-Dominanz-Instrument
Meister Vitale, B.: Lernen kann phantastisch sein

Herr „links"

kann in Worten denken, sprechen, lesen und schreiben.

Er geht Schritt für Schritt bei seiner Arbeit vor und betrachtet vor allem die Einzelheiten. Er ist realistisch.

Er kann immer nur eins nach dem anderen machen und seine Konzentration ist jeweils auf einen Punkt gerichtet.

Herr „links" kann sehr gut rechnen und geht rein wissenschaftlich vor. Der Verstand, die Logik sind bei ihm vorherrschend. Er analysiert.

Er leitet aus bestimmten Daten und Fakten Schlussfolgerungen ab und erstellt Regeln. Er erkennt Gesetzmäßigkeiten und will sich auch daran halten. Er vermeidet Fehler und vermeidet das Risiko.

Seine Einstellung ist also konservativ.

Alle Dinge müssen für ihn einen Namen haben, ein Etikett.

Er hat ein ausgeprägtes Zeitempfinden und plant deshalb seine Zeit.

Herr „rechts"

kann wortlos denken. Er denkt in Bildern.
Er will immer den Überblick behalten
und einen Zusammenhang herstellen.

Regeln kümmern ihn nicht, und so ist er kreativ. Er spekuliert, ist neugierig und liebt das Risiko! Herr „rechts" handelt oft spontan und intuitiv!

Seine Logik ist nicht fassbar. Sein Gefühl ist vorherrschend.

Er spielt, ist sprunghaft und ungeduldig.

Für ihn muss etwas nicht A oder Nicht-A sein.

Er hat kein Zeitempfinden, sondern ist für die Wahrnehmung und Vorstellung des dreidimensionalen Raumes zuständig.

Wir erreichen nicht das, was wir möchten, sondern das,
was wir mit unserem Handeln verursachen!

Trainieren Sie Ihre rechte Gehirnhälfte!

Da im Alltag die linke Gehirnhälfte (bei Rechtshändern) ständig gefordert, ja oft überfordert wird, während die rechte Gehirnhälfte kaum etwas zu tun hat, ist es wichtig, diese „faule" Hälfte wieder in Schwung zu bringen, um die Gesamtleistung des Gehirns zu erhöhen.

Trainieren Sie Ihr Vorstellungsvermögen!

- Seien Sie kreativ! (Malen – Töpfern – Musizieren …)
- Machen Sie verstärkt Gymnastik mit der linken Körperseite (Die Nerven der linken Körperseite gehen zur rechten Hirnhälfte)
- Tanzen Sie!

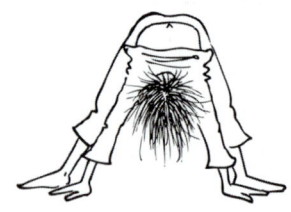

Gründe für das Lernen

Duo cum faciunt idem non est idem.
Wenn zwei das gleiche tun, so ist es nicht dasselbe.

(Terenz)

Warum lernen Sie?

Lernen Sie
- weil Sie neugierig sind?
- weil Sie einen großen Wissensdrang verspüren?
- weil Sie den Wunsch haben, eine Sache zu vollenden, ein Ziel zu erreichen?
- weil Sie Lust haben, Dinge auszuprobieren?
- weil Ihnen Lernen Freude bereitet?
- weil Sie auf eine Belohnung hoffen?
- weil Sie sonst „Strafe" oder Benachteiligung befürchten?
- weil Sie besser sein wollen als Ihre Konkurrenten?
- weil Sie andere nicht enttäuschen wollen?
- weil Sie jemandem gefallen bzw. auffallen wollen?
- weil Sie zu einer Gruppe gehören möchten?
- weil Sie Kontakt mit einem Lernpartner möchten?

Wer gute Gründe oder Motive hat, ein Ziel zu erreichen, der erreicht es leichter als jemand, der nicht einsieht, warum er ausgerechnet das tun soll.

Diese Tatsache ist nicht neu und trotzdem wird sie, was das Lernen angeht, nicht entsprechend beachtet.

Wer ein Lernziel erreichen, eine Prüfung bestehen will, sollte möglichst <u>viele Gründe</u> finden und <u>schriftlich festhalten.</u>

Wer das „Warum" des Lebens begreift,
schafft jedes „Wie". (Nietzsche)

Man unterscheidet drei Arten von Lerngründen:
- **materielle Lerngründe**
- **soziale Lerngründe**
- **interne Lerngründe**

Je nachdem, welche Lerngründe für Sie zutreffen, probieren Sie folgende Tipps:
- Machen Sie häufig Erfolgskontrollen – <u>Erfolg fördert Erfolg!</u>
- Lassen Sie den konkurrierenden Motiven keine Chance!
- Setzen Sie <u>Zwischenziele!</u>
- <u>Planen Sie Belohnungen ein!</u> Kurzfristige Wünsche wie z. B. ein Kinobesuch oder ein Essen mit Freunden kann als Belohnung für das Erreichen eines Zwischenziels angesehen werden.
- Betrachten Sie das Lernen wie eine Sportart, und suchen Sie den Wettbewerb!

- Suchen Sie sich Lernpartner, und schaffen Sie sich ein Gruppengefühl! Ein Lernpartner oder eine Gruppe geben die Möglichkeit des Vergleichs und der Anregung.
- Lernen Sie spielend!
- <u>Seien Sie neugierig, und stellen Sie viele Fragen!</u>
- Machen Sie Ihre Lernumgebung attraktiv, dann fällt das Lernen leichter.
- <u>Schaffen Sie sich Lerngewohnheiten!</u> Lerngewohnheiten überwinden den Faulpelz in uns!
- Sorgen Sie für geistige und seelische Entspannung, und lernen Sie nicht, wenn Sie schlechte Laune haben, überarbeitet sind, Sorgen haben oder übermüdet sind.

Zuerst belehre man sich selbst, dann
wird man Belehrung von anderen empfangen.

(Johann Wolfgang von Goethe)

Decker, F.: Die neuen Methoden des Lernens
Markova, D.: Wie Kinder lernen (Kids)

 Heftführung

Ordnung führt zu allen Tugenden.
Was aber führt zur Ordnung?

(Georg Christoph Lichtenberg)

Achten Sie auf eine ordentliche, strukturierte Heftführung!

Je übersichtlicher und besser strukturiert Ihre Notizen sind, desto leichter und schneller lernen Sie.

Denken Sie an die Überschrift und das Datum!

Verwenden Sie Farben!

Unterstreichen Sie! – Markieren Sie!

Umrahmen Sie!

Schreiben Sie wichtige Sätze in einer anderen Schrift!

Machen Sie Skizzen!

Lassen Sie einen Rand für wichtige Anmerkungen!

Lassen Sie unten auf der Seite Platz für Hinweise und Literaturangaben!

Notieren Sie den Lernstoff und vor allem Zusammenfassungen mit eigenen Worten!

Sparen Sie, aber nicht am Papier!

> Je wichtiger der Lernstoff ist, desto kleiner sollten die Portionen sein, die auf einem Blatt stehen, und umso größer sollte die Schrift sein.

 Oppolzer, U.: Verflixt, wie lerne ich das?

☑ Hirn-Dominanz-Modell

Die Grundlage für das Hirn-Dominanz-Modell (= Hermann-Dominanz-Instrument = HDI), von Ned Hermann entwickelt, ist die Hemisphärentheorie von Roger Sperry, die von zwei Gehirnhälften und deren unterschiedlichen Funktionen ausgeht.

Ned Hermann teilt – analog zu den zwei Gehirnhälften – die existierenden Denk- und Verhaltensstile in vier Quadranten ein.

① Fakten	logisch analytisch technisch	intuitiv aufbauend ganzheitlich	③ Fantasie
② Form	konservativ organisiert kontrolliert	emotionell einfühlsam musisch	④ Fühlen

Roland Spinola und F. D. Peschanel erläutern in ihrem Buch „Das Hirn-Dominanz-Instrument" die Folgen dieser 4-Quadranten-Annahme und die auf Grund von Fragebögen entstandenen Dominanzprofile.

Die Mehrzahl der Menschen ist auf einen bestimmten Denk- und Verhaltensstil festgelegt, der allerdings nicht nur auf einen, sondern auf jeweils zwei Quadranten zurückzuführen ist. Für das Lernen und Lehren sind die Konsequenzen dieses „HDI-Modells" äußerst interessant.

Schauen wir uns die vier Quadranten einmal genauer an:

Ein Lernender, der Quadrant 1 bevorzugt

- sieht sofort die Tatsachen eines Problems
- analysiert und folgert daraus
- entwickelt Ideen und stellt Theorien auf
- reagiert positiv auf Daten und Fakten, auf technische Details
- liest gern und mag programmierte Unterweisungen
- lässt wahrscheinlich Gefühle außer Acht
- sieht zu wenig die Zusammenhänge

Ein Lernender, der Quadrant 2 bevorzugt

- organisiert und strukturiert den Lernstoff
- geht schrittweise vor, bewertet und probiert aus
- übt durch die Anwendung des Gelernten
- reagiert positiv auf einen durchgeplanten, logisch aufgebauten und konsequent durchgeführten Unterricht
- mag auch programmierte Unterweisungen und Vorlesungen, Texte, Diskussionen

- möchte die Angelegenheit unter Kontrolle haben
- übersieht vielleicht die Zusammenhänge und den Menschen bei der Sache

Ein Lernender, der Quadrant 3 bevorzugt

- ist risikobereit und setzt verstärkt seine Fantasie ein
- stellt sich die Möglichkeiten bildhaft vor
- versucht, auch nicht sichtbare Möglichkeiten intuitiv zu erfassen
- kann ein Problem sofort anpacken, liebt die Spontaneität
- stellt Konzepte auf
- ist offen für alle neuen Ideen, Versuche und Spiele
- reagiert positiv auf eine bildhafte Darstellung
- legt Wert auf die mitmenschlichen Gegebenheiten
- ist in der Lage, auf jeden Einzelnen besonders einzugehen
- übersieht durch seine Spontaneität oftmals Einzelheiten und beurteilt die Durchführbarkeit von Plänen nicht immer realistisch

Ein Lernender, der Quadrant 4 bevorzugt

- reagiert emotional und intuitiv
- ist mitarbeiterorientiert
- legt Wert auf die Beeinflussung anderer Menschen
- kann gut zuhören, Ideen austauschen, seine persönlichen Erfahrungen einbringen
- experimentiert gern, liebt die Zusammenarbeit und Diskussion in der Gruppe
- braucht körperliche Bewegung und mag Musik
- übersieht durch seine große Gefühlsbeteiligung sehr leicht Fakten und kommt kaum zu einer Planung der Einzelheiten

Für den Lernenden wie auch für den Lehrenden ist es wichtig zu wissen, dass es sehr unterschiedliche Denk- und Verhaltensstile gibt und welche Quadranten bei ihm persönlich überwiegen. Nur so ist er in der Lage, seine Vorgehensweise im Unterricht und die seiner Schüler bzw. Mitschüler zu verstehen und auf sie einzugehen.

 Spinola, R./Peschanel, F. D.: Das Hirn-Dominanz-Instrument

 Ideenzettel

Verflucht! Zur rechten Zeit fällt einem nie was ein, und was man Gutes denkt, kommt meist erst hinterdrein.

(Johann Wolfgang von Goethe)

Legen Sie eine Ideensammlung an!

Die besten Ideen und Problemlösungen kommen nicht auf Befehl am Schreibtisch, sondern oft dann, wenn wir gar nicht damit rechnen. Ganz gleich wo Sie auch sind, Sie sollten immer einen Zettel parat haben, um neue Gedanken und Ideen sofort aufschreiben zu können, damit nichts verloren geht.

- Schreiben Sie jede Idee auf einen eigenen Zettel!
- Notieren Sie ein passendes Stichwort dazu, damit Sie später wissen, zu welchem Thema der Gedanke gehört.
- Legen Sie eine **Ideenkartei** an!
- Wenn das Problem noch nicht gelöst ist, lesen Sie alle Ideen noch einmal durch!
- Mischen Sie die Ideenkärtchen und legen Sie dann jeweils zwei vor sich hin. Was für neue Gedanken fallen Ihnen ein?

Gefundene Ideen bringen weitere Ideen hervor!

Ideenzettel sind in der Schule vor allem eine große Hilfe bei Aufsätzen oder Referaten.

Im Beruf sind sie nützlich zur Vorbereitung von Konferenzen, von Vorträgen und Diskussionen sowie immer dann, wenn ein Problem gelöst werden soll.

Benutzen Sie für spontane Einfälle und behaltenswerte Gedanken ein Diktiergerät.

Ein Diktiergerät ist eine gute Möglichkeit, Gedanken festzuhalten, wenn Sie bei einer Arbeit sind, bei der Sie beide Hände gebrauchen, z. B. beim Autofahren.

Es gibt Geräte, die sich beim Klang der Stimme automatisch einschalten und wenn Sie aufhören zu sprechen wieder abschalten.

Irgendwann, wenn Sie Zeit haben, hören Sie das Band ab und schreiben die für Sie immer noch wichtigen Gedanken auf Zettel, auf Karteikarten oder in den Computer.

Das Diktiergerät ist auch beim Lesen eines Sachbuches oder einer Fachzeitschrift eine große Hilfe.

Sie können wichtige Fakten nicht nur im Text unterstreichen, sondern auf Band sprechen und abschnittweise den Text mit eigenen Worten zusammenfassen.

Dabei stellen Sie fest, ob Sie alles verstanden haben, und Ihre Bandaufnahme enthält am Ende alle wichtigen Fakten und Daten, auf die es Ihnen ankommt. Tippen Sie diese Inhaltsangaben und heften Sie sie unter bestimmten Stichwörtern ab, so haben Sie wertvolles Material immer griffbereit.

Interferenz

Mehr ist weniger!

Vermeiden Sie Interferenzen!

Machen Sie es nicht so wie der Physiklehrer, den F. Vester in seinem Buch „Denken, Lernen, Vergessen" beschreibt: Der Physiklehrer beginnt zwischen den Bänken entlangzuwandern. „Also jetzt noch einmal zum Auftrieb. Wenn ihr einen Holzwürfel vollständig ins Wasser taucht, dann spürt ihr ja eine Kraft nach oben wirken. Wenn ihr den Würfel loslasst, dann springt er von alleine hoch …" Philipp hört aufmerksam zu. Was der Lehrer sagt, leuchtet ein. Er beginnt darüber nachzudenken, wird jedoch wieder aus seinen Gedanken herausgerissen. „… Nicht wahr, da ist eine Kraft wirksam, die größer ist als das Gewicht des Würfels. Und zwar genauso groß wie die des verdrängten Wassers …" Philipp wird unsicher. Wie war das noch mal?

„… In der Physik sagt man: Die Auftriebskraft kommt durch den Unterschied des Gewichtsdrucks an der Ober- und Unterseite zustande. Das heißt, das Wichtigste dabei ist eben, dass diese Auftriebskraft und das Gewicht der verdrängten Flüssigkeit den gleichen Betrag haben …"

Philipp ist nun völlig verwirrt. „... In anderen Worten: Die Auftriebskraft entsteht also durch die Differenz des oberen und unteren Gewichtsdrucks eines eingetauchten Körpers, wobei ihre Größe mit dem Betrag des Gewichts der verdrängten Flüssigkeit identisch ist."

Philipp schaut seinen Nachbarn ratlos an. Der hat schon längst abgeschaltet und malt Männchen. 42 Sekunden Definition des Auftriebs in vier verschiedenen Varianten.

Wiederholen Sie nicht Informationen in abgewandelter Form sofort hintereinander.
Bringen Sie lieber Beispiele zur Veranschaulichung.

 Vester, F.: Denken, Lernen, Vergessen

I know that you believe you understand what you think I said. But I am not sure you realize that what you heard is not what I meant.

✓ Konzentration

Niemand kann gleichzeitig auf zwei Hochzeiten tanzen!

Konzentration – was ist das?
Konzentration ist nicht nur höchste Aufmerksamkeit, sondern auch die Fähigkeit, sich mit einer Aufgabe oder Sache über einen längeren Zeitraum auseinander zu setzen.
Nur, wenn wir uns auf eine Sache voll konzentrieren, nehmen wir sie bewusst auf und können sie optimal speichern.

So zeigt sich Konzentrationsmangel:
- **Vergesslichkeit**
- **Motorische Unruhe** (Zappelphilipp)
- **Flüchtigkeitsfehler**
- **Mangelndes Interesse**
- **Mangelnde Ausdauer**
- **Ruhelosigkeit**
- **Ungeduld**
- **Mangelnde Fähigkeit zuzuhören**
- **Wiederholtes gedankenloses Handeln**
- **Nichtbeenden von Aufgaben**
- **Negative Einstellung zum Lernen**
- **Leichte Reizbarkeit**
- **Geringe Frustrationstoleranz**

Der unkonzentriert Lernende lässt sich durch kleinste Geräusche ablenken, schaut verträumt aus dem Fenster, unterbricht ständig seine Arbeit, rutscht unruhig auf seinem Stuhl hin und her oder spielt bei jeder Gelegenheit mit irgendwelchen Gegenständen oder mit seinen Fingern. Der unkonzentriert Lernende braucht immer wieder neue Anregungen und muss immer wieder neu motiviert werden. Er verliert sonst sehr leicht die Lust an einer Sache, da er ja allein oft vieles nicht zu Ende bringt oder zumindest stundenlang bei seinen Aufgaben sitzt. Seine Begeisterungsfähigkeit ist wie ein aufloderndes Feuer, das meistens sehr schnell erlischt.

Zerstreutheit ist Konzentration auf etwas anderes!

(E. Wickenburg)

Konzentrationsfähigkeit:

   5–7   Jahre ca. 15 Minuten
   7–10 Jahre ca. 20 Minuten
  10–12 Jahre ca. 25 Minuten
  12–16 Jahre ca. 30 Minuten

Erhöhen Sie Ihre Konzentrationsfähigkeit!

- Teilen Sie Ihre Zeit planvoll ein!
- Machen Sie umfangreiche Arbeiten überschaubar, indem Sie sie in Teilschritte zerlegen!

- Beseitigen Sie Ablenkungsmöglichkeiten!
- Sehen Sie einen bestimmten Lernplatz vor!
- Wechseln Sie Sachgebiete und Tätigkeiten!
- Wechseln Sie zwischen „Kopfarbeit" und „Handarbeit", zwischen Lesen, Schreiben und Nachdenken!
- Schätzen Sie Ihre Fähigkeiten realistisch ein!
- Erwarten Sie nicht zu viel von sich und anderen!
- Klopfen Sie sich selbst mal auf die Schulter, wenn es sonst niemand tut!
- Bestimmen Sie eine geeignete und angemessene Lernzeit!
- Vergessen Sie die Pausen nicht!
- Sorgen Sie für ausreichenden Schlaf!
- Sorgen Sie für ausreichende Bewegung an frischer Luft!
- Sorgen Sie für einen geregelten Tagesablauf!
- Schränken Sie den Fernsehkonsum ein!
- Machen Sie Konzentrationstraining!
- Genießen Sie Ihre Freizeit ohne Reue!

Konzentriert arbeiten heißt gleichzeitig ökonomisch arbeiten. Sie erzielen bei geringerem Aufwand denselben oder sogar höheren Nutzen.

Beyer, G.: Konzentrationstraining
Krowatschek, D.: Marburger Konzentrationstraining
Oppolzer, U.: Kopfsalat und Glühbirne (für Kids)
Solms, A.: Konzentration trainieren
Warnke, A.: ADHS – Das Aufmerksamkeitsdefizitsyndrom
Aust, D.: A.D.S. – Das Erwachsenenbuch

Konzentrationsübungen

1. Konzentrieren Sie sich auf jede Figur einzeln und lassen Sie sie innerhalb von jeweils einer Minute möglichst oft in der Perspektive kippen.

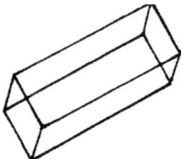 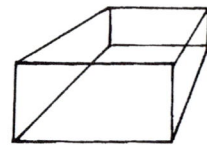 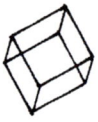

2. Versuchen Sie vom Start nach A zu gelangen, ohne einen Stift zu Hilfe zu nehmen (möglichst schnell!).

3. Verdunkeln Sie den Raum und zünden Sie eine Kerze an. Aus einem Abstand von ca. 50 cm schauen Sie nun nur auf das Blau der Flamme.

4. Entspannen Sie sich. Schließen Sie die Augen und versuchen Sie, eine große, dunkle Fläche zu sehen, auf der sich nichts bewegt.

5. Stellen Sie das Radio immer leiser, und versuchen Sie, den Text zu verstehen.

6. Unterstreichen Sie in der Zeitung in einem bestimmten Abschnitt alle „e" und „a" so schnell wie möglich.

7. Spielen Sie wieder mal Spiele wie Memory oder Puzzles. (Stoppen Sie die Zeit!)

8. Spielen Sie das „Störspiel". Während Sie versuchen, sich voll auf eine bestimmte Aufgabe zu konzentrieren, muss Ihr Partner alles daransetzen, Sie zu stören und abzulenken. Beginnen Sie mit 2 Minuten und steigern Sie sich langsam jeden Tag. wenn Sie dieses „Störspiel" regelmäßig spielen, werden Sie feststellen, dass Sie bald weder auf die Türglocke noch auf das Telefon achten und ganz bei Ihrer Sache sind.

9. Versuchen Sie so schnell wie möglich (nur mit den Augen) die Linien zu verfolgen. Welche Nummer gehört jeweils zu dem Buchstaben?

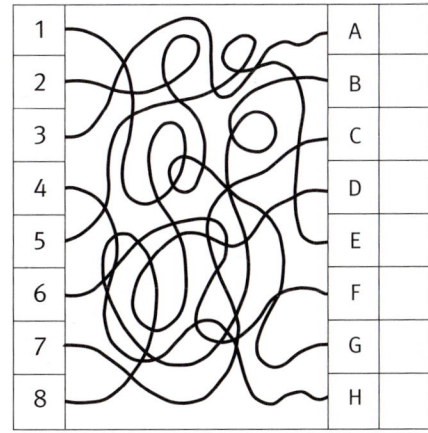

Leistungskurve

Morgenstund hat Gold im Mund ...

Beachten Sie Ihre Leistungskurve, den Biorhythmus!

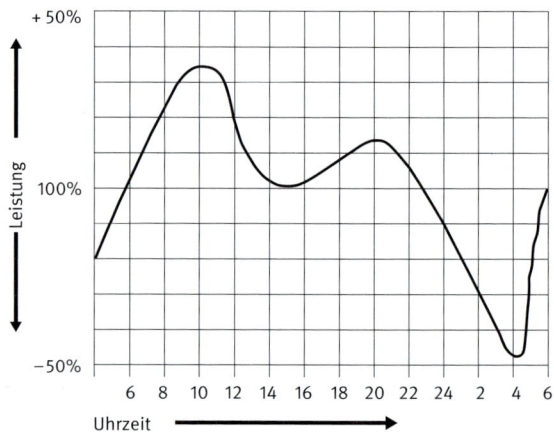

(Abb. aus: Seiwert, L. J.: Das Einmaleins des Zeitmanagement)

Diese Kurve, die die Schwankungen der physiologischen Leistungsbereitschaft innerhalb von 24 Stunden zeigt, beruht auf Erfahrungswerten.

Es gibt jedoch „Morgenmuffel" und „Abendmuffel"! Das ist eine Frage der Gewohnheit, des Kreislaufs und der Individualität.

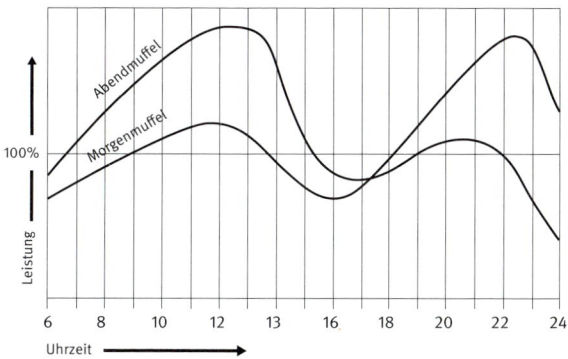

Ein voller Bauch studiert nicht gern!

Lernen Sie nicht gleich nach einem guten Essen!

Essen Sie öfter und dafür weniger, wenn Sie erfolgreich geistig arbeiten wollen.

Nach einem ausgiebigen Essen werden die Verdauungsorgane besonders stark durchblutet und dafür Ihr Gehirn auf „Sparflamme" gesetzt. Folge: Müdigkeit und Konzentrationsschwäche. Je fetter, d.h. schwerer verdaulich die Speisen sind, desto länger liegen sie im Magen und behindern die Lernfähigkeit.

Lernbereitschaft

Der Mensch ist eine Sonne. Seine Sinne sind seine Planeten.
(Novalis)

Auf die Verpackung kommt es an!

<u>Machen Sie neugierig</u>
oder
<u>Verpacken Sie einen neuen Inhalt mit altem, vertrautem Material!</u>

Knüpfen Sie neue Informationen und neue Details an bekannte Inhalte.

Stellen Sie sich vor, Sie gehen durch die Stadt und sehen plötzlich eine Frau mit langen blonden Haaren, einem blauen Mantel und einer weißen Handtasche. Weil Sie annehmen, es sei eine gute Bekannte, gehen Sie auf die Dame zu und sprechen sie an.
Sie dreht sich um, und Sie werden verlegen. – Es ist eine fremde Frau. Sie haben sich der Dame zugewandt, weil Ihnen die Erscheinung bekannt vorkam.
Ist es mit einem Lernstoff nicht ähnlich?
Wenn wir schon einmal davon gehört haben, ist uns die Sache vertraut, und wir bekommen Zutrauen.

In der Werbung ist man sich dessen voll bewusst. Nutzen Sie diesen Sachverhalt doch auch beim Lernen.

Lang ist der Weg durch Lehren, kurz und erfolgreich durch Beispiel! (Seneca)

Machen Sie den Lernstoff „merk-würdig"

Stellen Sie möglichst vielseitige Beziehungen zu interessanten, lustigen oder extremen, d. h. merkwürdigen Fakten her.

Schaffen Sie zusätzliche Gedankenverbindungen!

Je ausgefallener ein Vergleich, eine Darstellung ist, desto mehr Gefühle werden geweckt, und das bedeutet verstärkte Speicherfähigkeit.

Beispiel: „Kleine Frau sitzt am längeren Hebel"
Gesetz: Die Hebelarme verhalten sich umgekehrt
          wie die zugehörigen Kräfte.

$$\frac{a_1}{a_2} = \frac{F_2}{F_1}$$

Der Hebel ist im Gleichgewicht, wenn die Produkte aus Kraft und zugehörigem Hebelarm gleich groß sind.

$$F_1 \cdot a_1 = F_2 \cdot a_2$$

Je länger der Hebelarm, desto kleiner muss die Kraft sein, um ein bestimmtes Gewicht zu heben.

Blick in dich! In deinem Innern ist eine Quelle,
die nie versiegt, wenn du nur zu graben verstehst.

(Marc Aurel)

Lernen fördert das Lernen!

Wer viel nachdenkt, regt sein Gehirn zu weiterer Denkbereitschaft und Denktätigkeit an.

So, wie ein Muskel umso leistungsfähiger wird, desto mehr man ihn benutzt, so wird auch das Gehirn leistungsfähiger, wenn man es fordert (nicht überfordert).

Lernen und Freude sollten eine Einheit bilden!

Ohne Freude, ohne Spaß am Unterricht müssen Lernende und Lehrende sehr viel Energie aufwenden, um immer wieder die innere Abwehr zu überwinden, und es bleibt kaum Energie für ein erfolgreiches Lernen oder Lehren übrig.

Was man erfindet, tut man mit Liebe,
was man gelernt hat, mit Sicherheit. (Konfuzius)

Schaffen Sie „Aha-Erlebnisse"

Aha-Erlebnis:
„Ein eigenartiges, im Denkverlauf auftretendes, lustbetontes Erlebnis, das sich bei plötzlicher Einsicht in einen zuerst undurchsichtigen Zusammenhang stellt." (Karl Bühler)

Wer nicht kommt zur rechten Zeit,
muss nehmen, was da übrig bleibt!

Lernen Sie möglichst zu bestimmten Zeiten!

Die Lernbereitschaft stellt sich dann von selbst ein, und Sie müssen keine Energie dafür verschwenden, sich jedes Mal zu überwinden.
So wie der Magen „weiß", wann Essenszeit ist, und Magensaft produziert, damit die Nahrung gleich verdaut werden

kann, wenn Sie regelmäßig essen, so
gewöhnt sich auch Ihr Gehirn an
bestimmte Zeiten und schaltet selbst
auf „Lernen" um, ohne dass Sie es
immer wieder auffordern müssen.

Programmieren Sie Ihren
„Gehirncomputer"!

Lernen Sie stets am selben Ort!

Wenn Sie immer am selben Ort lernen, erhöht sich Ihre
Lernbereitschaft.

Ebenso wie bei der gleichen Uhrzeit stellt sich ein Gewöhnungseffekt ein, und Ihr Gehirn braucht keinen „Schub-
ser", um anzufangen.

Ein großer Fehler, dass man sich mehr dünkt, als man ist,
und sich weniger schätzt, als man wert ist.

(Johann Wolfgang von Goethe)

Klopfen Sie sich selbst mal auf die Schulter!

Verstärken Sie Ihre Lernbereitschaft, indem Sie sich selbst belohnen.

Belohnen Sie Ihre Lernarbeit immer <u>sofort</u>!

Jedes richtige Ergebnis, jeder kleinste Fortschritt sollten belohnt werden. Dadurch erhöht sich die Lust weiterzumachen, und diese Begeisterung führt zu weiterem Erfolg.

Wenn du ein Schiff bauen willst, trommle nicht Männer zusammen, um Holz zu beschaffen, Werkzeuge vorzubereiten und Arbeit einzuteilen und Aufgaben zu vergeben, sondern lehre die Männer die Sehnsucht nach dem großen, weiten Meer. (Antoine de Saint-Exupéry)

☑ Lernbiologie

Ohne Begeisterung schlafen die besten Kräfte unseres
Gemütes. Es ist ein Zunder in uns, der funken will.

(Johann Gottfried Herder)

Auch der Kopf will fühlen!

Lerninhalte, die mit starken Gefühlen verknüpft werden, gelangen schneller und besser ins Gedächtnis. Im Thalamus, einem Teil des Zwischenhirns, werden alle ankommenden Sinneswahrnehmungen mit Gefühlen versehen.

Es gibt keinen gefühllosen Gedanken!

Sie können keinen Gedanken denken, ohne dass Ihr Körper positiv oder negativ reagiert, ohne dass Ihr Körper ein Hormon ausschüttet.

Der Körper beeinflusst den Geist!
Der Geist beeinflusst den Körper!

Jedes Lernen ist ein biologischer Prozess,
bei dem körperliche, psychische und geistige Vorgänge
untrennbar miteinander verbunden sind. (Frederic Vester)

<u>Der Lernstoff sollte kein Sturzregen von Stecknadeln sein!</u>

Vester, F.: Denken, Lernen, Vergessen
Pearce, J.: Der nächste Schritt der Menschheit
Moll, G./Dawirs, R./Niescken, S.: Hallo, hier spricht mein Gehirn
Heringer, I./Heringer,A./Mayer-Skumanz: Löwen gähnen niemals leise
Buchner, Ch.: Der Räuber Thalamus

Übrigens ist mir alles verhasst, was mich nur belehrt, ohne
meine Tätigkeit zu vermehren oder unmittelbar zu beleben.
(Johann Wolfgang von Goethe)

Der „Geist" kommt aus der Flasche!

Alles, was wir denken, lernen oder tun, wird mit dem
Geruch, mit dem Duft verknüpft,
den unsere Nase jeweils aufnimmt.

Da beim Schnuppern eines Duftes
die damit gespeicherten Erlebnisse
bzw. Fakten wieder auftauchen,
können Sie die Erkenntnis für das Lernen
bewusst nutzen: Lernen Sie z. B. englische
Vokabeln zum Thema „Küche" mit dem
intensiven Duft von Majoran und die Vokabeln
zum Thema „Kaufhaus" mit dem Duft eines
besonderen Parfüms.

Lernen und leben Sie mit allen Sinnen!

- Hören Sie den Lernstoff (vom Lehrenden oder von einer CD)
- Sehen Sie den Lernstoff (an der Tafel, im Heft, im Buch)
- Sprechen Sie den Lernstoff (lesen Sie halblaut, erklären Sie den Stoff anderen)
- „Fühlen" Sie den Lernstoff (entwickeln Sie positive Gefühle, und lernen Sie durch Tun, durch Ausprobieren)
- Lernen Sie mit Düften.

> Je mehr Sinne beim Lernen wach und gefragt sind, desto leichter wird das Wissen gespeichert. Es wird zu einem inneren Erlebnis!

 Vester, F.: Denken, Lernen, Vergessen

Der Mensch hat dreierlei Wege, klug zu handeln:
Erstens durch Nachdenken, das ist der edelste.
Zweitens durch Nachahmen, das ist der leichteste.
Drittens durch Erfahrung, das ist der bitterste.

(Konfuzius)

Unser Gehirn besteht aus einer linken und einer rechten Hälfte

(→ Gehirnhälften)

Je nachdem, was wir gerade tun, arbeiten wir verstärkt mit unserer linken oder mit unserer rechten Hirnhälfte. Optimal ist es, wenn beide Hirnhälften gleichermaßen im Einsatz sind.

Wir haben es in der Hand, ob wir beide Hirnhälften einsetzen oder eine bevorzugen und die andere zunehmend faul und träge „in der Ecke sitzt."

Erwachsene lernen anders!

Erwachsene lernen meistens „linkslastig".

Die Fantasie ist ihnen in vielen Fällen abtrainiert worden, und so ist die rechte Hirnhälfte oft „verkümmert".

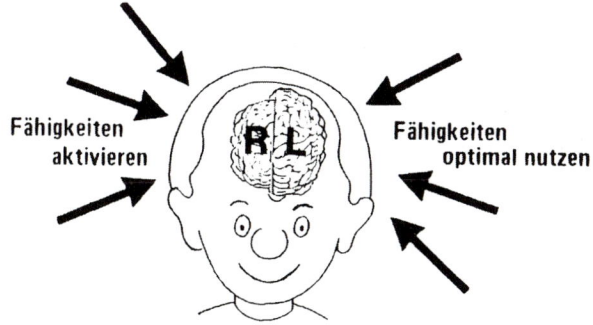

Zum einen ist es wichtig, die Fantasie wieder lebendig werden zu lassen und die rechte Gehirnhälfte zu aktivieren. An-
dererseits müssen die eingeübten Denkweisen, d. h. die Möglichkeiten der linken Hirnhälfte, optimal genutzt werden.
Erwachsene lernen mit zunehmendem Alter langsamer,
machen dafür aber weniger Fehler.

Es gibt keinen altersbedingten Abbau des Gehirns!

Ein Nachlassen der Lernfähigkeit ist nicht altersbedingt,
sondern eine Folge mangelnden geistigen Trainings. Erst
jenseits der Achtzig kommt es zu einem vermehrten Abbau
der geistigen Leistungsfähigkeit.

Der Lernprozess dauert im Alter länger!

 Oppolzer, U.: Verflixt, das darf ich nicht vergessen! Bd. 1, 2 und 3
Verflixt, 100 Gedächtnisspiele
Verflixt, das darf ich nicht vergessen! Die 50er Jahre
Gehirntraining mit Phantasie und Spaß

Auf die Wellenlänge kommt es an!

Wir sprechen von gleicher Wellenlänge, wenn Menschen
sich verstehen, d. h. wenn der eine den Gedankengängen
des anderen gut folgen kann. Das ist dann der Fall, wenn die
„Grundmuster" der Gehirnzellenverdrahtung ähnlich sind.

Dieses Grundmuster entsteht in den ersten Wochen und Monaten nach der Geburt und bildet sich nach der Umwelt, die den Säugling umgibt, ganz unterschiedlich aus.

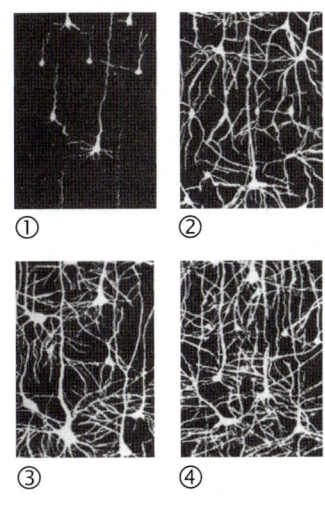

(Abb. aus: Vester, F.: Denken, Lernen, Vergessen)

Je ähnlicher zwei Grundmuster sind, desto besser ist die Verständigung.

Das ist natürlich gerade für das Lernen von großer Bedeutung. Ob ein Schüler dem Unterricht gut oder schlecht folgen kann, hängt also nicht allein von seiner Intelligenz ab und von seinem guten Willen, sondern davon, ob sein **Denkmuster** dem des Lehrers oder des Schulbuchverfassers ähnlich ist.

Schnitt durch eine Partie der menschlichen Großhirnrinde zum Zeitpunkt der Geburt (1), daneben im Alter von drei Monaten (2), von fünfzehn Monaten (3) und von drei Jahren (4). Aus den Abbildungen wird deutlich, dass im ersten Lebensjahr wichtige Weichen für das spätere Lernen gestellt werden. Die Nervenzellen des Großhirns werden so miteinander „verdrahtet", dass sie später möglichst gut mit derjenigen Umwelt zurechtkommen, die in den ersten Lebensmonaten wahrgenommen wurde.

Die „Passivität" des Säuglings täuscht darüber hinweg, dass sich gerade in den ersten Wochen im geistigen Bereich sehr viel tut.

Ob ein Schüler in der Schule seinen Lehrer gut versteht und ob ein Ange-stellter mit seinem Chef auf gleicher „Wellenlänge" liegt, entscheidet die „Verdrahtung" der Gehirnzellen im Säug-lingsalter.

Das heißt, wenn ein Schüler bei einem Lehrer nicht gut mitkommt, sollte er nicht aufgeben und nicht verzweifeln, sondern mit Hilfe von Büchern oder/und Mitschülern und Erwachsenen versuchen, sich den Stoff anzueignen.

Ein anderes Grundmuster zu haben, bedeutet nicht, weni-ger intelligent zu sein. Auch Bücher sind von Menschen ge-schrieben und setzen damit eine bestimmte Wellenlänge voraus. Wenn Sie die Erklärungen des einen Verfassers nicht nachvollziehen können, nehmen Sie ein anderes Buch zum gleichen Thema zur Hand.

Vester, F.: Denken, Lernen, Vergessen

☑ Lernen im Schlaf

Den Seinen gibt's der Herr im Schlaf ...   (Aus der Bibel)

Bei der Methode „Lernen im Schlaf" wird dem Gehirn Lernstoff während der Traumphasen des Schlafes angeboten. Hilfsmittel sind ein zeituhrgesteuertes Wiedergabegerät mit Endlosfunktion.

Die Traumphasen wechseln regelmäßig und berechenbar mit Tiefschlafphasen ab. Die erste Traumphase dauert ca. 5 Minuten. Ansonsten vergehen von einer Traumphase (REM-Phase) bis zur nächsten ziemlich genau 90 Minuten.

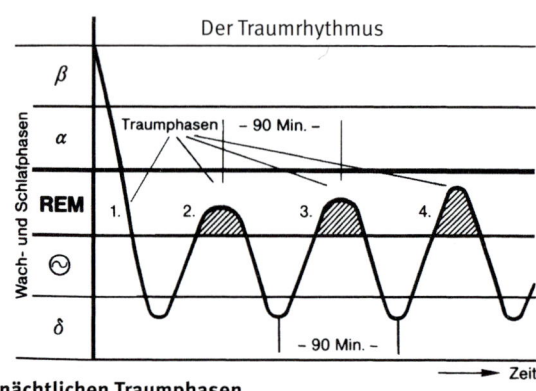

Die nächtlichen Traumphasen

(Abb. aus: Beyer, G.: Erfolgreich lernen – Superlearning)

Schlaf bzw. Traum werden durch das Wiedergabegerät nicht beeinträchtigt. Das Gehirn setzt Prioritäten.

Sollte der Traum wichtiger sein als der angebotene Lernstoff, so hat dieser keine Chance, aufgenommen zu werden. Der während des Schlafens gelernte Stoff muss am nächsten Tag wiederholt und angewendet werden, um sicher und richtig eingeordnet zu werden.

Probleme:

- den Einschlafzeitpunkt genau festzulegen
- sich an die Stimmwiedergabe zu gewöhnen
  (In den ersten Nächten können Sie sich gestört fühlen.)

 Beyer, G.: Erfolgreich lernen – Superlearning

💡 Lernerfolg

Nichts ist erfolgreicher als Erfolg.

Erfolg muss sichtbar sein!

> **Jürgen, das haben Sie ausgezeichnet gemacht. Alle Achtung.**

(Zettel für den Schreibtisch, immer vor Augen)

Um Erfolg sichtbar zu machen, gibt es viele Möglichkeiten, z. B.:

- Hängen Sie einen Jahreskalender an Ihrem Arbeitsplatz auf, in den Sie an erfolgreichen Tagen Sternchen eintragen oder ein lachendes Gesicht.
- Wenn Sie Arbeiten schreiben müssen, die zensiert werden, machen Sie einen Notenspiegel.
- Wenn Sie Hausaufgaben erledigen, tragen Sie in einen Aufgabenplan ein, wann es gut gelaufen ist, wann es Ihnen Spaß gemacht hat.
- Lernen Sie Vokabeln einer Fremdsprache mit der Lernkartei, dann haben Sie am Jahresende den Beweis für Ihr Wissen in „cm" oder „Gramm".
- Schreiben Sie gute Gedanken, wichtige Fakten und Erfolgserlebnisse auf Zettel. So können Sie Ihr Wissen jederzeit durchstöbern und zusehen, wie es sich vermehrt.

Nimm die Treppe zum Erfolg Stufe für Stufe ...

Erfolg verstärkt Erfolg!

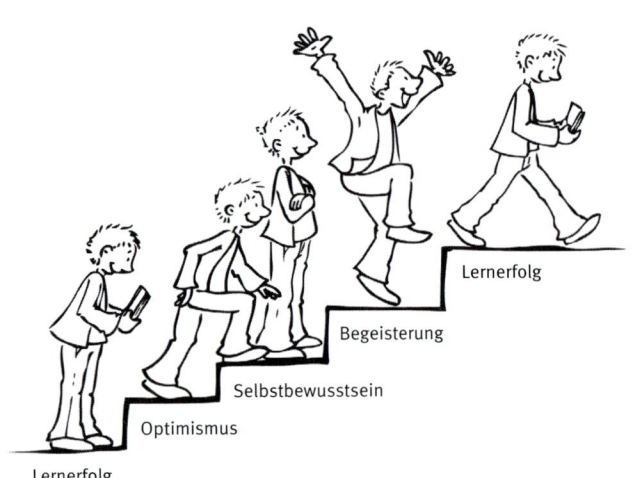

Lernerfolg

Begeisterung

Selbstbewusstsein

Optimismus

Lernerfolg

... und versuch es nicht mit einem einzigen Sprung!

Misserfolge schwächen die Persönlichkeit!

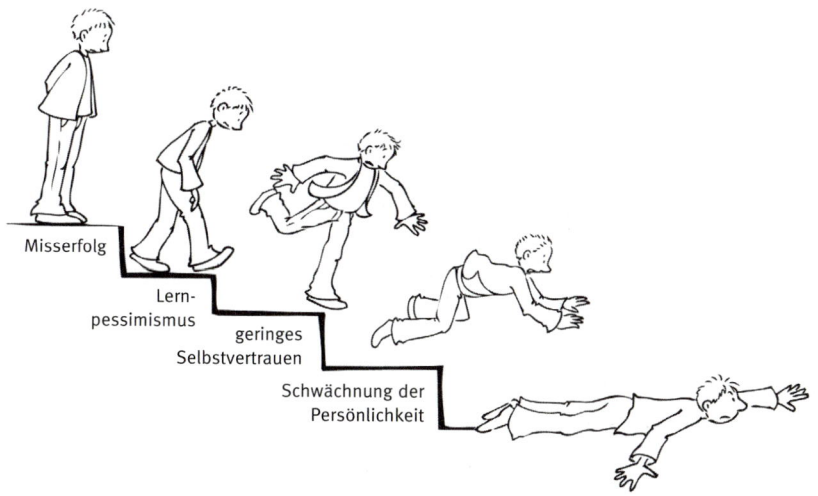

Misserfolg

Lern-
pessimismus

geringes
Selbstvertrauen

Schwächung der
Persönlichkeit

Es ist keine Schande hinzufallen, aber eine Schande liegen
zu bleiben!

Spieglein, Spieglein …

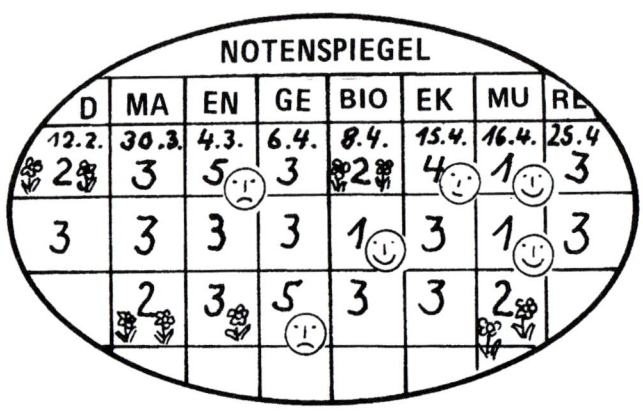

D	MA	EN	GE	BIO	EK	MU	R
12.2. 2	30.3. 3	4.3. 5	6.4. 3	8.4. 2	15.4. 4	16.4. 1	25.4 3
3	3	3	3	1	3	1	3
	2	3	5	3	3	2	

NOTENSPIEGEL

JAHRESKALENDER											
Jan	Feb	Mär	Apr	Mai	Jun	Jul	Aug	Sep	Okt	Nov	Dez

Bei jedem Erfolgserlebnis ein lachendes Gesicht

Der Worte sind genug gewechselt,
lasst uns auch endlich Taten sehen.

(Johann Wolfgang von Goethe, Faust)

<u>Wenden Sie das Gelernte möglichst sofort an!</u>
Jean Piaget, ein bedeutender Lernpsychologe, vertritt die Auffassung, dass jede geistige Tätigkeit des Erwachsenen irgendwann einmal eine konkrete Handlung war.

Man lernt nur handelnd!

Wenn Ihnen jemand erklärt, wie eine Maschine funktioniert oder wie ein Kuchen gebacken wird, sind Sie nicht unbedingt sofort in der Lage, die Informationen weiterzugeben oder sich selbst nach den Anweisungen zu richten. Haben Sie jedoch eine Maschine selbst auseinander genommen und wieder zusammengesetzt (vielleicht zunächst mit Hilfe), dann können Sie es beim zweiten Mal allein, ja, Sie können auch anderen erklären, wie es geht.

Denken Sie beim Probieren daran:

Je mehr Spaß, desto größer ist der Lernerfolg!

Vergleichen Sie sich öfter mit sich selbst.

Vergleichen Sie sich im Unterricht nicht mit Ihrem Nach-barn.

<u>Jeder Mensch lernt anders.</u>

> Vergleichen Sie Ihre Leistungen von gestern mit denen von heute, und Sie werden selbstbewusster.

Wenn Sie mit Ihrem Lehrer nicht auf gleicher „Wellen-länge" sind, seine Erklärungen und Erläuterungen nur mit Mühe oder gar nicht verstehen, dann überlegen Sie, was für ein Lerntyp Sie sind, und bereiten Sie sich den Lernstoff dementsprechend auf, lesen Sie in verschiedenen Büchern nach, oder lassen Sie sich den Stoff von einem Mitschüler oder einem Freund erklären.

 Aust-Claus, E./Hammer, P.-M.: Auch das Lernen kann man lernen

Beyer, G.: Schnell und erfolgreich lernen – Superlearning

Krebs, Ch. T./Brown, J.: Lernsprünge

Pearce, J.: Der nächste Schritt der Menschheit

Schräder-Naef, R.: Lerntraining für Erwachsene
        Schüler lernen Lernen
        Der Lerntrainer für die Oberstufe

Spitzer, M.: Lernen – Gehirnforschung und die Schule des Lebens, Berlin 2006
      Braintertainment, Stuttgart 2007
      Erfolgreich lernen in Kindergarten und Schule (DVD)
      Wir lernen immer (DVD)

Spitzer, M./Herschkowitz, N.: Wie Babys lernen

☑ Lerngesetze

Ohne Verstand, Weisheit und Gesetze kann kein Volk haushalten.
(Martin Luther)

1. Lernen erfolgt durch <u>Beobachtung</u> und <u>Nachahmung</u> anderer Menschen.
2. Lernen wird beeinflusst durch <u>Erfolg</u> und <u>Misserfolg.</u>
3. Lernen erfolgt durch Verknüpfung von Verhaltensweisen oder Erlebnissen = <u>Konditionierung.</u>
4. Lernen erfolgt durch die <u>Bildung von Gewohnheiten.</u>
5. Lernen erfolgt durch Verbindung mit Bekanntem, Bildung von <u>Oberbegriffen,</u> Klärung von <u>Zusammenhängen.</u>
6. Lernen wird beeinflusst durch <u>Einstellungen</u> und <u>Erwartungen.</u>

zu 1. Die wichtigste Art, wie ein Mensch neue Verhaltensweisen übernimmt, liegt in der <u>Beobachtung</u> und <u>Nachahmung</u> – meist unbemerkt.

zu 2. Der Mensch lernt durch <u>Erfolgserlebnisse,</u> ein Verhalten zu verstärken, und durch Misserfolge, es zu unterlassen. Da <u>Anerkennung</u> und Bestätigung für den Menschen sehr wichtig sind, kann negatives Verhalten bei Beachtung vermehrt auftreten, wenn die positiven „Streicheleinheiten" nicht ausreichen. Misserfolg in Form von Schimpfen oder Strafe wird in diesem Fall als Zuwendung und Anerkennung betrachtet.

zu 3. Bestimmte Verhaltensweisen oder Erlebnisse können durch Erfahrung miteinander verknüpft werden. Wenn das Lernen in der Schule z. B. immer mit Druck, Kritik, schlechten Noten usw. verknüpft wurde, ist es kein Wunder, wenn der Erwachsene keine Lust verspürt, einen Computerkurs zu machen oder eine Weiterbildung, selbst wenn er dadurch beruflich mehr Erfolg haben wird.

zu 4. Ein Verhalten, das ständig wiederholt wird, das immer wieder auftritt, führt zu einer Gewöhnung, tritt automatisch auf. Jemand, der immer zur gleichen Zeit isst, gewöhnt seinen Magen an die Regelmäßigkeit und bekommt zur bestimmten Zeit automatisch Hungergefühle. Jemand, der ständig zur gleichen Zeit lernt, stellt sich automatisch darauf ein und muss sich nicht jedes Mal mit viel Energie aufraffen.

zu 5. Neue Informationen werden besser behalten, wenn sie mit bekannten Dingen in Verbindung gebracht werden. Es ist sinnvoll, Zusammenhänge herzustellen und Oberbegriffe zu suchen.

zu 6. Gelernt wird umso besser, wenn die Einstellungen und Erwartungen des Lernenden und des Lehrenden zueinander positiv sind.

Lernhemmungen

„Die Zwillinge gleichen sich ja wie ein Ei dem anderen! Wie hältst du sie nur auseinander?"

„Ganz einfach! Ich nenne den Zwilling links immer Harry und den Zwilling rechts immer Larry."

Lernen Sie ähnliche Fakten zeitlich und räumlich weit voneinander getrennt!

Ähnliche Lernstoffe hemmen sich gegenseitig!

Es kommt bei Bedarf zu Abrufschwierigkeiten und Verwechslungen.
Je ähnlicher sich Begriffe oder Daten sind, desto mehr Zeit sollte zwischen dem jeweiligen Einprägen liegen und desto weiter voneinander entfernt müssen sie notiert werden.

Unterschiedliche Farben sind eine große Hilfe.

Bei ständiger Verwechslung zweier sich sehr ähnelnder Begriffe schlagen Sie sich auf eine Seite, d. h. finden Sie eine Eselsbrücke nur für einen Begriff, dann sind Sie bei einer Frage ganz sicher, welcher von beiden gemeint ist.

Beispiel: Stalagmiten und Stalaktiten (Tropfsteine)

Der Stalak<u>t</u>it hat ein <u>t</u> wie der <u>T</u>ropfen, er <u>t</u>röpfelt von der Decke.

Es gibt auf der ganzen Welt keinen Menschen,
der nicht fähig wäre, mehr zu tun als er glaubt.

Lernhemmungen treten auf bei:

- Lernen ohne Pausen
- Störungen (auch wenn sie noch so kurz sind)
- Ähnlichkeit der Lernstoffe
- Ärger, Freude, Schreck

Schräder-Naef, R.: Rationeller Lernen lernen
Oppolzer, U.: Verflixt, wie lerne ich das?
Meister-Vitale, B.: Lernen kann phantastisch sein
Markova, D.: Die Entdeckung des Möglichen

Es gibt also verschiedene Lernhemmungen:

- **Lernhemmung durch die zeitliche Nähe** Zwei Lernprozesse, die zu dicht aufeinander folgen, hemmen sich gegenseitig.

- **Lernhemmung durch Ähnlichkeit** Ähnliche Lernstoffe führen bei der Einordnung in unser Gedächtnis zu Verwechslungen. Je ähnlicher Lernstoffe sind, desto größer sollte der zeitliche und räumliche Abstand beim Lernen sein!

- **Lernhemmung durch Erregungen nach dem Lernen** (= postmentale Lernhemmung) Der Lernprozess ist nicht abgeschlossen, wenn die Wahrnehmung des Lernstoffes beendet ist. Das Einprägen in unser Gedächtnis braucht zusätzlich Zeit.

- **Lernhemmung durch Gefühle** (= affektive Lernhemmung) Wird der Speicherungsprozess durch gefühlsmäßige Erregungen wie Ärger, Schreck, starke Freude usw. gestört, so kommt es ebenfalls zu einer Lernhemmung.

- **Wiedergabehemmung** Wird kurz vor dem Abfragen, vor einer Prüfung, neues Wissen aufgenommen, dann stören die postmentalen Prozesse des neuen Lernens die Wiedergabe des früher gelernten Stoffes.

Lernkartei

Verwende es oder verschwende es!
Das ist das Diktat der Natur!

Legen Sie eine Lernkartei an!
Sie hat folgende Vorzüge:

- Lerneinstieg geschieht immer an der richtigen Stelle
- unmittelbare Lernkontrolle
- kurzfristige Erfolgserlebnisse
- verteilte Wiederholung
- Förderung der Konzentrationsfähigkeit
- individuelle Gestaltung des Lerntempos und der Anzahl der Wiederholungen
- Vermeidung von „Überlernen" und nutzlosen Wiederholungen

Beim Lernen mit dem Buch müssen Sie immer wieder alle Vokabeln durchlesen, auch solche, die Sie bereits lange kennen. Beim Lernen mit der Lernkartei schreiben Sie die Vokabeln, die Sie noch nicht kennen, auf kleine Karteikarten und stecken Sie in den ersten Teil des Karteikastens. Beim Wiederholen dürfen diejenigen Vokabeln, die Sie jetzt beherrschen, in den 2. Teil des Kastens gesteckt werden. Die Vokabeln, die Sie nicht mehr wissen, kommen zurück in den 1. Teil des Kastens.

Lernkartei

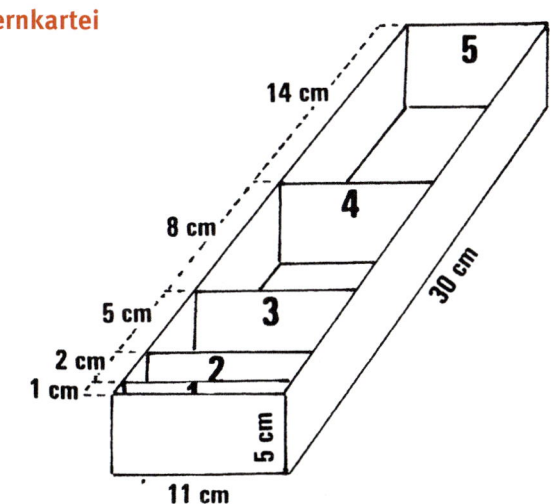

Wiederholen Sie in immer größeren Zeitabständen, bis alle Vokabeln im 5. Kastenteil angelangt sind. Nach ein paar Monaten überprüfen Sie die Vokabeln des 5. Abschnitts noch einmal und alle Vokabeln, die Sie dann beherrschen, dürfen den Kasten verlassen und gelten als gekonnt. Alle nichtgewussten Vokabeln müssen wieder zurück in den 1. Kastenabschnitt. Das, was Sie wissen, können Sie nun messen oder wiegen. Der Stapel vor Ihnen vermittelt ein Erfolgserlebnis und motiviert weiterzumachen.

Bei Vokabeln ist es wichtig, nicht nur die einzelne Vokabel aufzuschreiben, sondern einen zusammenhängenden Satz, aus dem der genaue Sinn des Wortes ersichtlich ist. Nicht nur in Fremdsprachen ist jedoch die Lernkartei einsetzbar, sondern ebenso in anderen Fächern oder Sachgebieten. Hilfreich sind kleine hinzugefügte Skizzen oder Diagramme, die das Gelernte veranschaulichen.

 Leitner, S.: So lernt man lernen
Metzig, W./Schuster, M.: Lernen zu lernen

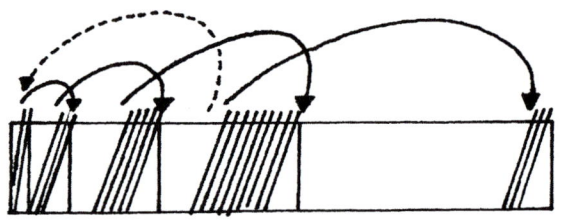

Das ist die „Studienreise" einer gemerkten – und einer vergessenen (→) Vokabel

SUCHEN
Ich suche einen Freund

CHERCHER
Je cherche un ami

 Leitner, S.: So lernt man lernen

✓ Lernkurven

*Sage ihm etwas und er vergisst es. Zeige ihm etwas
und er behält es. Beziehe ihn als Person mit ein,
und er versteht es.*   (Aus China)

1. Lernkurve beim Auswendiglernen = Lernen durch Verknüpfen

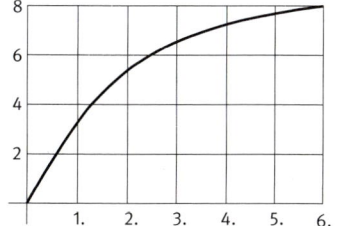

Lerndurchgang

<u>Lernen ist nicht gleich Lernen.</u>
Der Lernverlauf beim Vokabellernen sieht anders aus als
beim Lernen einer grammatischen Regel oder eines physi-
kalischen Gesetzes.

Beim so genannten Auswendiglernen, d.h. beim Lernen
durch Verknüpfen, wird in den ersten Lerndurchgängen
ein großer Teil der Informationen gespeichert, während
der letzte Rest nur sehr schwer und langsam haften bleibt.
Die Lernkurve steigt daher steil an und wird zum Ende hin
immer flacher.

2. Lernkurven beim Lernen durch Einsicht, durch Strukturieren

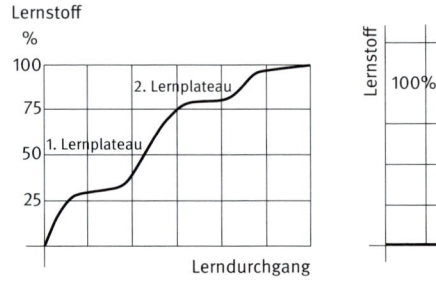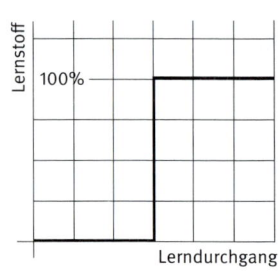

(Abb. aus: Kugemann, W. F.: Lerntechniken für Erwachsene)

Die 2. Lernkurve für das Lernen durch Einsicht, durch Strukturierung, zeigt zwei „Lernplateaus".

Da scheint es jeweils zunächst nicht weiterzugehen. Der gelernte Stoff muss im Gehirn neu strukturiert werden. Einzelne Elemente werden zu einem Block zusammengefasst, dann geht es weiter.

Lernplateaus sind notwendig für einen späteren Lernfortschritt und nicht durch Pausen oder durch besondere Anstrengung zu übergehen.

Zu einem regelrechten Lernsprung (3. Lernkurve) kommt es beim „Aha-Erlebnis". Hier ist das Kennenlernen der Einzelteile eines Problems, einer komplexen Aufgabe, vorangegangen. Während dieser Phase ist kein Lernfortschritt sichtbar. Dann jedoch werden diese Einzelerfahrungen im Gehirn miteinander in Beziehung gesetzt und es entsteht eine Struktur, die zum Erkennen bzw. Lösen der Aufgabe führt.

 Kugemann, W. E./Gasch, B.: Lerntechniken für Erwachsene
Oppolzer, U.: Verflixt, wie lerne ich das?

Menschen von dem ersten Preise
lernen kurze Zeit und werden weise.
Menschen von dem zweiten Range
werden weise, lernen aber lange.
Menschen von der dritten Sorte
bleiben dumm und lernen Worte.　　　　　(Konfuzius)

Lernplateau

Geduld ist ein Baum, dessen Wurzel bitter,
dessen Früchte aber sehr süß sind.

(Aus Persien)

Akzeptieren Sie das Lernplateau!

Beim Lernen durch Einsicht, d. h. bei einem Lernvorgang, bei dem es auf Strukturierung und auf das Erfassen von Zusammenhängen ankommt, strömen zunächst einmal viele Fakten auf uns ein, die richtig zugeordnet und verstanden werden müssen. Das braucht Zeit, und deshalb kommt es dann zu einem so genannten Lernplateau, zu einer Verarbeitungsperiode, bevor das „Aha-Erlebnis" eintritt und der Lernsprung auf die nächste Stufe erfolgt.

Wenn Sie beim Lernen sozusagen auf der Stelle treten, haben Sie Geduld und lernen Sie weiter. <u>Lernplateaus sind notwendig für den weiteren Lernfortschritt</u> und nicht durch Pausen oder vermehrte Anstrengung zu überspringen.

Geduld! Nicht aufgeben! Weiterlernen!

Ein Lernplateau gehört zum Verständnislernen wie eine rote Ampel zum Verkehr.

„Wer hätte mit mir Geduld haben sollen, wenn ich sie nicht gehabt hätte?"

Das flüchtige Lob, des Tages Ruhm
Magst du dem Eitlen gönnen;
Das aber sei dein Heiligtum:
Vor dir bestehen können.

(Johann Wolfgang von Goethe)

 Lernposter

Widerwärtigkeiten sind Pillen, die man schlucken muss,
nicht kauen!　　　　　　(Georg Christoph Lichtenberg)

Machen Sie ein Lernposter!

Es gibt Poster mit allen möglichen Motiven. Warum entwerfen Sie nicht ein Poster zu Ihrem Lernstoff?

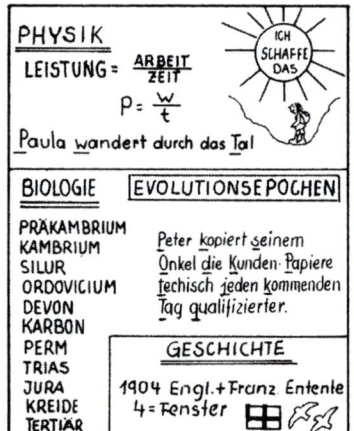

Schreiben Sie schwierige Formeln, Begriffe, Vokabeln, Regeln, Zahlen, … mit dickem Filzstift auf die Rückseite alter Poster oder auf große, farbige Bögen (oder auch auf Tafelfolie) und malen Sie Skizzen dazu.

Hängen Sie dieses Lernposter direkt bei Ihrem Schreibtisch auf, sodass Sie die im Moment wichtigen Fakten und Daten immer vor Augen haben. Aktualisieren Sie es dann, wenn Sie den Lernstoff beherrschen.

☑ Lernprobleme

Ursachen für Lernprobleme:

- Sie können sich nicht oder nur sehr kurze Zeit konzentrieren.
- Sie haben Schwierigkeiten bei der Wahrnehmung von Informationen.
- Sie hören nicht zu, weil Sie mit anderen Dingen beschäftigt sind. Vielleicht nehmen Sie auch nicht alle Details wahr, weil Sie sich unter Druck gesetzt fühlen, weil Ihre Gedanken umherschweifen.
- Sie sind nicht gesund.
- Sie sind müde, weil Sie Probleme wälzen.
- Sie hetzen von Termin zu Termin und finden keine Ruhe, keine Zeit für Entspannung.
- Sie interessieren sich nicht für den Lernstoff.
- Sie haben zu wenig Vorkenntnisse in diesem Fach.
- Sie fühlen sich überfordert oder unterfordert.
- Sie haben zu hohe Erwartungen an sich selbst und sind frustriert, weil Sie diesen Ansprüchen nicht gerecht werden

 Oppolzer, U.: „Verflixt, wie lerne ich das?"

Lernticks

Natur bringt wunderliche Käuz' ans Licht.

(William Shakespeare, Der Kaufmann von Venedig)

Akzeptieren Sie Ihre Lernticks

Jeder Mensch lernt anders!

Dieser Satz taucht mehrfach auf, weil es so wichtig ist, dass wir uns gerade beim Lernen nicht ständig mit anderen vergleichen, sondern unseren eigenen, ganz individuellen Weg gehen.

„Lernticks" erleichtern das Lernen!

Beispiele berühmter Männer:

Von Schiller sagt man, dass ihn der Geruch faulender Äpfel inspiriert habe. Er hatte sie in seinem Schreibtisch, wenn er neue Werke schuf.

Von Hemingway ist bekannt, dass er vor der Arbeit viele Bleistifte anspitzte.

Von Goethe weiß man, dass er viel Bewegung brauchte. Auf Spaziergängen kamen ihm die besten Ideen.

Wenn Sie also feststellen, dass Sie am besten lernen können, wenn Sie in der Küche sitzen, auf dem Teppich im Wohnzimmer liegen oder gar auf dem Kopf stehen, dann lassen Sie die anderen ruhig lächeln und pflegen Sie ihren „Tick".

Der Erfolg wird Ihnen recht geben.

 Lerntyp

Das, was jemand von sich selbst denkt,
bestimmt sein Schicksal   *(Mark Twain)*

Beachten Sie Ihren individuellen Lerntyp!

<u>Jeder Mensch lernt auf seine Weise!</u>

Der eine kann gesehene Dinge besser behalten, der andere gehörte und der dritte lernt dann besonders gut, wenn er anfassen, wenn er „begreifen" kann. Der eine Schüler lernt besser allein im stillen Kämmerchen, der andere braucht das Gespräch, die Auseinandersetzung. Es gibt fast ebenso viele Lerntypen, wie es Lernende gibt! Der Lerntyp hängt mit der Ausbildung des Grundmusters unseres Gehirns (→ Lernbiologie) in der ersten Zeit nach der Geburt zusammen. In diesen Monaten werden je nach Umwelteinflüssen bestimmte Gehirnzellen mehr oder weniger miteinander „verdrahtet". Es entsteht ein Netz.

Die Art der Verbindungen sagt nichts über die Intelligenz des Menschen aus, sondern ist wichtig für die Verständigung zweier Menschen miteinander. Wenn wir die Gedankengänge eines Partners gut nachvollziehen können und bei Fragen genau wissen, was gemeint ist, sind wir auf gleicher Wellenlänge. Wir verstehen uns.

Dieses Grundmuster entscheidet auch darüber, welchen Eingangskanal wir beim Lernen bevorzugen, ob wir mehr ein Sehtyp sind, ein Hörtyp, ein Fühltyp, ein verbaler Typ oder ein Gesprächstyp.

Unser „Lerntyp" ist jedoch differenzierter und hängt von vielen verschiedenen Faktoren ab. Für einen Lehrer ist es so gut wie unmöglich, auf alle Lerntypen einzugehen. Das Wissen um diese Vielfalt ist jedoch ausgesprochen wichtig. Der Lernende wird mehr Verständnis für seine Schwierigkeiten haben, und die Begriffe „Dummheit" oder „Intelligenz" bekommen einen anderen Stellenwert.

Es ist wichtig, seinen individuellen Lerntyp zu kennen, damit der Schüler nicht resigniert, wenn er bei einem Lehrer Probleme hat. Zumindest zu Hause sollte er so lernen, wie es für ihn optimal ist.

 Vester, F.: Denken, Lernen, Vergessen

Wie finde ich meinen Lerntyp? (für Schüler)

Ich verstehe beziehungsweise behalte etwas besonders gut (+), mittel (0), schlecht (–):	Ver-stehen	Be-halten
1. wenn der Lehrer den Stoff mit Worten vorträgt	——	——
2. wenn der Lehrer Bilder an die Tafel malt, Dias zeigt oder etwas vorführt	——	——
3. wenn darüber ein Film gezeigt wird	——	——
4. wenn wir den Stoff gemeinsam in der Klasse üben	——	——
5. wenn der Lehrer es mir allein erklärt	——	——
6. wenn ich es mit einem Nachhilfelehrer übe	——	——
7. wenn es mir ein Schulfreund erklärt	——	——
8. wenn es mir einer meiner Eltern oder Geschwister erklärt	——	——
9. wenn ich allein mit einem Schulbuch lerne	——	——
10. wenn ich aus meinem Heft lerne	——	——
11. wenn ich mir das Wichtigste in meinen eigenen Worten aufschreibe oder einen „Spickzettel" schreibe	——	——
12. wenn ich etwas selbst erlebt habe	——	——
13. wenn es mich an etwas Angenehmes erinnert	——	——
14. wenn es mich an etwas Unangenehmes erinnert	——	——
15. wenn ich es mir selbst ausdenke	——	——
16. wenn ich lese	——	——
17. wenn mir jemand darüber eine Geschichte erzählt hat	——	——
18. wenn ich mir Bilder darüber angeschaut habe	——	——
19. wenn ich etwas in einem Film gesehen habe	——	——
20. wenn ich es interessant finde	——	——
21. wenn ich es langweilig finde	——	——
22. wenn ich es lernen muss	——	——
23. wenn ich Angst habe, dass ich es wieder vergesse	——	——
24. wenn es wichtig ist	——	——
25. wenn es unwichtig ist	——	——
26. wenn es einfach ist	——	——
27. wenn es kompliziert ist	——	——
28. wenn es komisch ist	——	——

Auszug aus einem Lerntyptest von Frederic Vester („Denken, Lernen, Vergessen")

✓ Lernwege

Viele Wege führen nach Rom ...

Lernstoff kann auf verschiedenen
Wegen vermittelt und
aufgenommen werden.

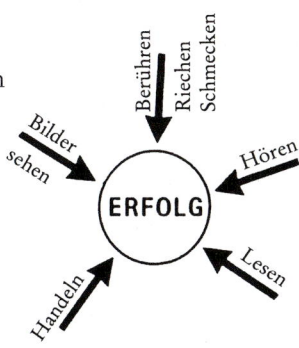

Ganz allgemein ist zu sagen,
dass unser Gehirn am besten
arbeitet, wenn es Bilder
angeboten bekommt, d. h.,
wenn der Stoff anschaulich dargestellt ist. Wechselt man
die verschiedenen Lernwege – Lesen, Sehen, Hören, Handeln – miteinander ab, so erhöht sich die Konzentration,
und die Aufnahmefähigkeit kann gesteigert werden.

Wird der Lernstoff nur übers Ohr vermittelt, so wie es oft
in der Schule, bei Vorträgen u. a. Lehrveranstaltungen der
Fall ist, gibt es für den Zuhörenden drei Anregungen, die
ihm helfen, möglichst viel mitzubekommen.

Hören:

- Wichtiges mitschreiben oder mitzeichnen
- Wichtiges leise nachsprechen
- Das Vorstellungsvermögen trainieren und versuchen,
  sich von den gehörten Tatsachen ein Bild zu machen

Lesen:

- Erst den ganzen Text lesen, um einen Überblick zu bekommen
- Wichtige Textstellen laut sprechen (auf ein Diktiergerät, um es später abhören zu können)
- Wichtige Textstellen markieren
- Wichtiges mit eigenen Worten zusammenfassen und aufschreiben (auch auf ein Diktiergerät sprechen)
- Inhalt in ein Schema umsetzen
- Den Text durch Skizzen anschaulich machen
- Den Text mit Hilfe der Fantasie in Bilder umsetzen

Bildmaterial:

- Zeichnungen und Bilder beschriften
- Abbildungen in eine für Sie geeignete Reihenfolge bringen
- Abbildungen selbst nachzeichnen und auf das Wesentliche reduzieren
- Sich das tatsächliche Aussehen der Dinge und Bewegungsabläufe vorstellen

Handeln:

- Handlungseinheiten benennen
- Handlungseinheiten üben
- Handlungsabläufe logisch aufbauen und in ein Schema bringen
- Lehrenden zusehen und ihre Handlungen nachmachen
- Handlungen in der Fantasie üben

 # Lesetechnik

Erst durch das Lesen lernt man,
wie viel man ungelesen lassen kann! (Wilhelm Raabe)

Optimales Lesen ist eine große Hilfe!

Ein Lerntext muss anders gelesen werden als eine Zeitung!

Lesen setzt eigene Aktivität voraus!

Beim Lesen müssen Symbole entschlüsselt und im Gehirn in Vorstellungen umgesetzt werden!

Prüfen Sie Ihre Lesegewohnheiten!

Nehmen Sie sich irgendeinen Text, eine Zeitung oder ein Buch, und lesen Sie bewusst einen Abschnitt oder eine Seite. Beobachten Sie sich:

- Sprechen Sie den Text während des Lesens leise mit?
- Sprechen Sie den Text in Gedanken mit?

Beide Varianten behindern Ihre Lesegeschwindigkeit!

Versuchen Sie, sich den Text bildhaft vorzustellen, indem Sie das Gelesene wie einen Film miterleben.

Um noch schneller lesen zu können, gibt es Leseübungen, die die Lesegeschwindigkeit erhöhen.

- Springen Sie mit den Augen schneller über einen Text!
- Erweitern Sie Ihre Blickspanne!

 Ott, E.: Optimales Lesen
Buzan, T.: Speed Reading

✓ Mind-Mapping

Ich verstehe aber unter Geist die Kraft der Seele,
welche denkt und Vorstellungen bildet.   (Aristoteles)

Mind-Mapping ist eine Lernmethode, bei der alle auftauchenden Gedanken bzw. **Schlüsselbegriffe** zu einem Thema aufgeschrieben und bildhaft dargestellt werde.
Die Darstellungen erfolgen jedoch nicht linear untereinander oder nebeneinander, sondern werden in einen Zusammenhang gebracht.
Dadurch sind wieder beide Gehirnhälften an der Lernarbeit beteiligt.
Wichtig ist dabei, dass das zentrale Thema in der Mitte des Blattes erscheint und die Hauptgedanken strahlenförmig davon ausgehen. Wie bei einem Baum können sich die Äste immer weiter verzweigen.

Damit die Darstellung übersichtlich bleibt, sollten die Schlüsselwörter nur Hauptwörter sein und in lesbarer Druckschrift geschrieben werden.

Mind-Mapping zum Thema Lernen:

Verwenden Sie unterschiedliche Farben und Symbole, kreisen Sie zusammengehörende Gedanken ein, und stellen Sie Beziehungen durch Pfeile dar.

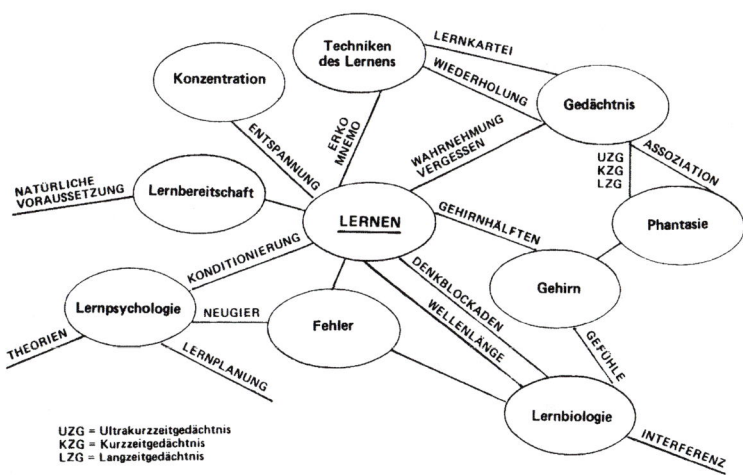

UZG = Ultrakurzzeitgedächtnis
KZG = Kurzzeitgedächtnis
LZG = Langzeitgedächtnis

Gedanken, die Sie nicht zuordnen können, schreiben Sie zunächst auf einen Ideenzettel.

 Svantesson, L.: Mindmapping und Gedächtnistraining

☑ Motivation

Lust und Liebe sind die Fittiche zu großen Taten.
(Johann Wolfgang von Goethe, Iphigenie)

Die Motivation, etwas zu ändern, ergibt sich aus:

- der Liebe zu einer Sache
- der Unzufriedenheit mit der jetzigen Situation
- einer konkreten Vorstellung von der Zukunft
- dem Glauben an die Machbarkeit des ersten Schrittes

Je größer die Motivation, desto größer der Lernerfolg!

Motivation verstärkt sich:

- durch Faszination
- durch unmittelbare Erfolgserlebnisse
- durch den natürlichen Wunsch, etwas zu vollenden
- durch wichtige persönliche Ziele
- durch die Möglichkeit, etwas in Beziehung zu setzen
- durch Lust am Probieren
- durch Abwechslung
- durch Neues und Aktuelles
- durch Lob, Anerkennung und Zuwendung
- durch Ermunterung, Fragen zu stellen
- durch anschauliche, verständliche Stoffdarbietung

- durch einen Lernstoff, der einen positiven Inhalt, eine positive Verpackung hat oder positive Assoziationen ermöglicht
- durch positive Gruppengefühle
- durch einen sympathischen Lehrer
- durch einen humorvollen Unterricht

Motivation und Lernerfolg verstärken sich gegenseitig.

☑ Nachhilfe

Nachhilfe ist nur sinnvoll,

- wenn Ihr Kind das auch möchte und sich aktiv einsetzt
- wenn Lücken aufgetaucht sind, z. B. durch Krankheit, durch Unterrichtsausfall, durch Lehrerwechsel, durch Probleme in der Familie
- wenn Sie Gespräche mit Fachlehrern geführt haben
- wenn Ihr Kind in einer schwierigen Situation kurzfristig gestärkt wird
- wenn sie zeitlich und auf ein Fach, höchstens auf zwei Fächer begrenzt ist
- wenn Sie vorher einen Termin ankündigen, an dem Sie die Wirksamkeit der Nachhilfe überprüfen

Nachhilfe ist nicht sinnvoll über einen langen Zeitraum, als ständige Begleitung des Unterrichts

- wenn Sie es Ihrem Kind einfach überstülpen, ohne ein klärendes Gespräch zu führen
- wenn Sie etwas für Ihr Kind tun wollen, aber keine klaren Zielvorstellungen haben
- wenn sich im Unterricht und bei den Klassenarbeiten die Nachhilfe nicht bemerkbar macht
- wenn Ihr Kind sich auf die Nachhilfe verlässt und sich selbst kaum noch anstrengt
- wenn Ihr Kind an seine Leistungsgrenzen gestoßen und nun total überfordert ist

 Namengedächtnis

Ein Mensch, der sich von Gott und Welt mit einem andern
unterhält, muss dabei rasch erlahmen: vergessen hat er
alle Namen. Wer war's denn gleich, Sie wissen doch ...
der Dings, naja, wie hieß er noch, der damals,
gegen Ostern ging's, in Dings gewesen mit dem Dings?

(Eugen Roth)

Damit es Ihnen nicht so geht wie diesem Menschen, hier ein paar Tipps:

- <u>Hören Sie genau hin!</u>
- Lassen Sie sich den <u>Namen buchstabieren</u>!
- Sprechen Sie die Person im Laufe des Gespräches wiederholt mit Ihrem Namen an!
- Stellen Sie sich vor, wie Sie den Namen mit Kreide an eine Tafel schreiben!
- <u>Fantasie ist wichtig!</u> Stellen Sie sich Herrn Müller z. B. in einer Mühle beim Mahlen des Korns vor. Herr Hof sitzt in einem Burghof, umgeben von jungen, schönen Hofdamen.
- <u>Bauen Sie Eselsbrücken!</u> Frau Böing geht spazieren, wird von einer großen Windböe erfasst und fliegt wie die Boeing 707. Frau Bühler steht unter einem Baum mit reifen Bühler Zwetschgen.

- Reimen Sie! Frau Reisch, die kreischt. Herr Läubl fängt ein Täub'l.
- Gibt es den Namen öfter wie z. B. Schmidt, dann machen Sie ein „Gruppenfoto". Stellen Sie sich alle Personen mit dem Namen Schmidt gemeinsam vor.
- Schreiben Sie sobald wie möglich den Namen auf!
- Denken Sie vor dem Einschlafen noch einmal an die neuen Gesichter und Namen!
- Legen Sie eine Namenkartei an! Auf die Karteikarte schreiben Sie zusätzlich Adresse, Beruf, Familienmerkmale, Hobbys, Gemeinsamkeiten mit Ihnen oder starke Unterschiede, Tag und Ort des Kennenlernens.
- Haben Sie beim Erinnern Schwierigkeiten, gehen Sie in Gedanken das Alphabet durch. Stellen Sie sich Detailfragen! Wenn Ihnen der Name nicht einfallen will:
- Nennen Sie Ihren eigenen Namen; das veranlasst den anderen in 90 % der Fälle, seinen Namen zu nennen.
- Reimen Sie!
  „Gruppenfoto"
  Namenkartei
  Alphabet

 Reichel, G.: Der sichere Weg zum phänomenalen Gedächtnis

☑ Netzwerk des Lernens

Um wirklich glücklich zu sein, brauchen wir etwas,
wofür wir uns begeistern können. (Ch. Kingsley)

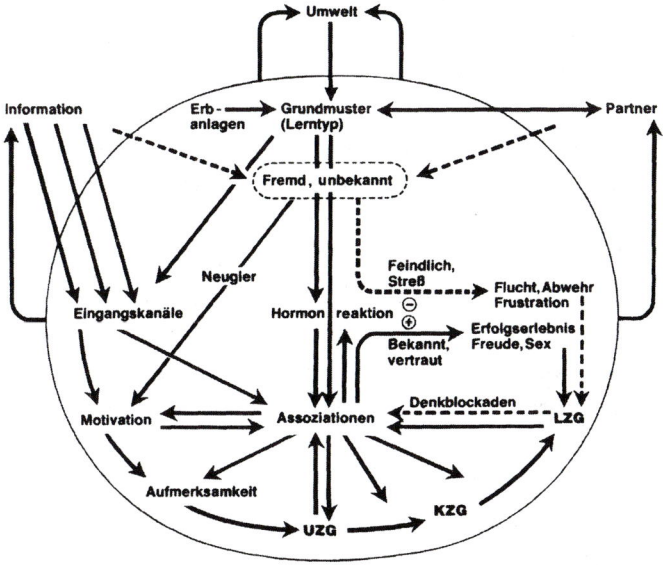

(aus: Vester, F.: Denken, Lernen, Vergessen)

Dieses Lernnetzwerk, das Frederic Vester in seinem Buch „Denken, Lernen, Vergessen" entwickelt, wirkt vielleicht beim ersten Hinschauen etwas verwirrend.

Wenn Sie jedoch in der Mitte oben mit der Betrachtung beginnen, also mit dem <u>Grundmuster</u>, dem Lerntyp eines Schülers, so werden die Zusammenhänge schnell deutlich. Die Art des Lerntyps ist bedingt durch Erbanlagen und Umwelt und steht beim Lernen immer in Beziehung zu einem Partner, sei es nun ein Lehrer oder ein Lehrbuch. Informationen, die von außen kommen und bekannt und vertraut erscheinen, werden sofort über verschiedene Eingangskanäle aufgenommen und gelangen bei entsprechender Motivation und Aufmerksamkeit mit Hilfe von positiven Assoziationen über das Ultrakurzzeitgedächtnis und Kurzzeitgedächtnis ins Langzeitgedächtnis.

Informationen, die zunächst fremd sind, können einerseits Neugier auslösen und damit Motivation erzeugen, sich dem Lernstoff zuzuwenden, oder lösen im Körper Stressalarm aus. Die Hormone Adrenalin und Noradrenalin kommen ins Spiel mit der Folge von Flucht, Abwehr, Frustration und Denkblockaden.

 Vester, F.: Denken, Lernen, Vergessen

💡 Neugier

*Das Schönste, was wir erleben können, ist das Geheimnis-
volle. Es ist das Grundgefühl, das an der Wiege von wahrer
Kunst und Wissenschaft steht. Wer es nicht kennt
und sich nicht mehr wundern, nicht mehr staunen kann,
der ist sozusagen tot und sein Auge erloschen.*

(Albert Einstein)

Machen Sie neugierig!

*Neugierde ist der wichtigste Naturtrieb, der die innere
Abwehr vor allem Neuen überwindet.* (Frederic Vester)

So wie jedes Tier vor etwas Fremdem, Neuem zunächst
zurückschreckt oder aggressiv reagiert, um zu überleben,
so ist auch beim Menschen dieses Verhalten einprogram-
miert, und ein unbekannter, fremder Lernstoff oder neue
Begriffe wirken zuerst einmal feindlich und erzeugen Abwehr und Frustration.

Ohne Neugier wird sich jeder Schüler von allem Fremden ängstlich abwenden, er wird kein Interesse zeigen, Neues zu lernen.

Neugier baut Angst und Hemmungen ab, die immer der Begeisterung entgegenwirken.

 Oppolzer, U.: Das große Brain-Fitness-Buch
Kopfsalat und Glühbirne (für Kids)

NLP

NLP = Neurolinguistische Programmierung

NLP wurde 1979 von zwei Amerikanern (Bandler und Grinder) entwickelt. Mit NLP können u. a. Lernprobleme gelöst, Ängste abgebaut und das Selbstbild verändert werden. Man kann mit Hilfe von NLP-Techniken lernen, sich besser auf andere Menschen einzustellen, sie besser zu verstehen und ihnen zu helfen.

Es werden mittlerweile Lehrer, Verkäufer, Manager, Werbefachleute, Politiker, Sachbearbeiter und Berater in speziellen Seminaren auf NLP trainiert.

Cleveland, B. F.: Das Lernen lehren. Erfolgreiche NLP-Unterrichtstechniken
Grinder, M.: NLP für Lehrer. Ein praxisorientiertes Arbeitsbuch
Lloyd, L.: Des Lehrers Wundertüte – NLP macht Schule
Blickhan, C./Ulsamer, B.: NLP für Einsteiger

*„Mit NLP kann ich jetzt
Deine Probleme lösen, Papa!"*

 # Notizen

Gut notiert ist halb gelernt!

Machen Sie Notizen!

- Notizen erhöhen die Konzentrationsfähigkeit. Wenn Sie jedoch zu viel mitschreiben, können Sie sich nicht mehr auf den Unterricht konzentrieren, und es geht Stoff verloren. Schreiben Sie nur Stichpunkte oder wenige kurze Sätze, die wie „Aufhänger" wirken und wichtige Oberbegriffe, Hinweise und Zusammenhänge festhalten. Später wird Ihnen beim Durchlesen vieles wieder einfallen, was der Dozent gesagt hat.

- Notizen vermeiden Ablenkung. Wenn Sie Notizen machen, bleiben Sie beim Thema und werden nicht so leicht durch Ihren Nachbarn oder durch irgendwelche Gedanken abgelenkt.

- Notizen machen anschaulich, wenn sie durch Beispiele, kleine Skizzen usw. ergänzt werden.

- Notizen führen zu einem mehrkanaligen Lernen: Hören und Sehen werden durch Handeln ergänzt.

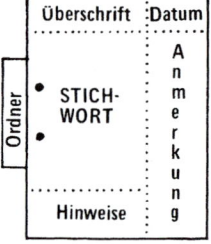

Machen Sie Notizen = Stichwortzettel zu Büchern
Machen Sie Notizen = Stichwortzettel für freie Reden
Machen Sie Notizen = Stichwortzettel zu verschiedenen
Themen

Tipps:

- Notizen müssen kurz (in Stichworten) und verständlich sein!
- Notizzettel sollten nur auf einer Seite beschriftet werden!
- Notizzettel brauchen einen Rand für Ergänzungen!
- Notizzettel sollten leicht lesbar sein!
- Notizzettel sollten nicht herumfliegen!
- Notizzettel sind wirkungsvoll an der Pinnwand, in einer Kartei oder in einem Ordner.
- Wichtige Notizen sollten mit Überschriften und Datum versehen werden.
- Erledigte oder unwichtig gewordene Notizen sollten bis zum Jahresende in einem Kasten gesammelt werden, in den Sie immer wieder hineinschauen können, wenn es mal nicht richtig weitergeht. Sie sehen dann deutlich, wie viel Sie in einem Jahr erledigt haben und welche Dinge Sie schon geschafft haben. Bei einem Durchschauen nach längerer Zeit kommen vielleicht auch neue Ideen.

 Leitner, S.: So lernt man lernen

Oberbegriffe

Gebraucht der Zeit, die geht so schnell von hinnen,
doch Ordnung lehrt euch Zeit gewinnen.

(Johann Wolfgang von Goethe, Faust)

Oberbegriffe erleichtern das Lernen!

Beispiel: Schauen Sie sich die nachstehenden Wörter ca. 20 Sekunden an.

Elefant	Eiche	Rettich	Schuhe
Butter	Walross	Hut	Birke
Ahorn	Mantel	Milch	Möhre
Bluse	Brot	Seehund	Zwiebel

Decken Sie die Begriffe ab und schreiben Sie auf, was Sie noch wissen.

Nun machen Sie bitte noch einen zweiten Versuch. Merken Sie sich folgende Wörter wiederum in ca. 20 Sekunden.

Frosch	Rathaus	England	Sessel
Schlange	Post	Belgien	Bett
Krokodil	Bahnhof	Frankreich	Schrank
Eidechse	Finanzamt	Ungarn	Tisch

Decken Sie wieder die Begriffe ab und schreiben Sie auf, was Sie sich merken konnten.

Wahrscheinlich ist das Ergebnis des zweiten Versuchs besser ausgefallen. Durch das Ordnen nach Oberbegriffen ging das Lernen wesentlich leichter.

Ordnen Sie folgende Blumen nach mehreren Gesichtspunkten, d.h. Oberbegriffen:
Schneeglöckchen, Veilchen, Sonnenblume, Flieder, Ginster, Edelweiß, Tränendes Herz, Mohnblume, Kornblume, Kamille, Rittersporn, Erika, Enzian

Intelligenz ist die Fähigkeit, sich in einer neuen Situation zurechtzufinden, die Umweltfaktoren zu ordnen und in Beziehung zu setzen.

☑ Ort des Lernens

Der lernt gerne, wer schon zuvor weiß,
dass er wieder erfolgreich sein wird.

Arbeitsplatz und Lernplatz können verschieden sein

Der Arbeitsplatz, an dem neuer Lernstoff erarbeitet wird, sollte möglichst immer derselbe sein. Dadurch stellt sich ein Gewohnheitseffekt ein und der Körper stellt sich automatisch auf das Lernen ein, sobald Sie sich an diesen Platz begeben.

Der Lernplatz ist der Ort, an dem bereits erarbeiteter, verstandener Lernstoff wiederholt wird und z. B. Vokabeln auswendig gelernt werden.
Dieser Lernplatz sollte so angenehm wie möglich und nur mit positiven Vorstellungen verbunden sein, damit diese positive Einstellung sich auf das Lernen überträgt.

Je wohler Sie sich fühlen, umso entspannter sind Sie und umso leichter fällt dementsprechend das Lernen. Wichtig: Entspannt sein, aber doch hellwach!

Denken Sie daran: **Jeder Mensch lernt anders!**

Während der eine sich beim Lernen in einen bequemen Sessel kuschelt oder sich ins Bett legt, sitzt ein anderer beim Lernen lieber auf dem Fußboden oder auf der Toilette.

Ob das Bett jedoch immer der richtige Ort zum Lernen ist, kommt darauf an, wie müde beziehungsweise wie wach Sie noch sind.

Sie kennen sicher den Zustand, dass man zwar noch nicht schläft, die Informationen jedoch vorbeirauschen, ohne wirklich aufgenommen zu werden. Sie sind wunderbar entspannt und werden bestimmt gleich einschlafen, aber Sie sind nicht mehr lernfähig.

Beachten Sie Ihren „Lerntick" und lernen Sie nicht so, wie man das macht, sondern wie es für Sie richtig ist.

Denken Sie daran, dass es darauf ankommt, dass Sie sich in Ihrer Lernsituation hellwach und konzentriert fühlen!

Parallel-Lernen

Die Gaben der Natur und des Glücks sind nicht so selten wie die Kunst, sie zu genießen. (Vauvenargues)

Lernen und genießen Sie!

Unter dem Stichwort Konzentration hieß es, niemand könne gleichzeitig auf zwei Hochzeiten tanzen, und nun ist die Rede vom Parallel-Lernen. Das scheint ein Widerspruch zu sein. Beim näheren Betrachten geht es auch hier um die Konzentration auf eine Sache, während die zweite Geschichte mehr oder weniger unbewusst aufgenommen wird.

Parallel-Lernen bedeutet:
Sie werden zwei Dinge gleichzeitig tun!
Die erste Information läuft über das Bewusstsein zur linken Gehirnhälfte. Die zweite Information läuft über das Unterbewusstsein zur rechten Gehirnhälfte.
Parallel-Lernen eignet sich besonders für das Sprachenlernen, aber auch für die Aufnahme von Informationen aus anderen Wissensgebieten.
Sie brauchen einen Kopfhörer, der es gestattet, die Geräusche des Raumes zu hören, und gleichzeitig eine CD mit Lerninformationen.

Sie schauen z. B. einen spannenden Krimi im Fernsehen, der Ihre ganze Aufmerksamkeit in Anspruch nimmt. Gleichzeitig läuft leise die CD mit den Lerninformationen über den einen Kopfhörer.

<u>Wichtig</u> ist, dass Sie auf keinen Fall versuchen, die Lerninformationen im Hintergrund bewusst wahrzunehmen. <u>Sie lernen, ohne es zu merken!</u> Wenn Sie dann im Anschluss die CD noch einmal bewusst hören, kommt Ihnen der Text vertraut, bekannt vor und wird nun als Wiederholung empfunden. Sie können so z. B. intensiv und voll konzentriert Physik- oder Mathematikprobleme lösen, während Sie leise im Hintergrund z. B. Englischvokabeln hören.

<u>Parallel-Lernen ist gehirngerecht und erweitert Ihre Fähigkeiten.</u> Außerdem hat es als Nebeneffekt zur Folge, dass Ihr Konzentrationsvermögen stark zunimmt und Sie auch bei anderen Gelegenheiten besser bei der Sache bleiben können. Wenn Sie jedoch zu den Menschen gehören, die sich bei dieser Lernmethode nicht wohl fühlen, sondern eher nervös werden, lassen Sie es und probieren Sie eine andere Lernmethode aus.

 Birkenbihl, V.: Stroh im Kopf?

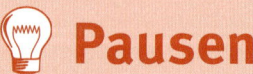 Pausen

*Man verliert die meiste Zeit damit, dass man Zeit
gewinnen will.*   (John Steinbeck)

Machen Sie rechtzeitig regelmäßig richtig Pausen!

Auch wenn Sie nicht lernen, lernen Sie!

Natürlich nur, wenn Sie den Lernstoff vorher durchgearbeitet haben. Ihr Gehirn braucht Zeit für die Herstellung von Assoziationen, für die richtige „Einordnung" der aufgenommenen Informationen und Speicherung.

Planen Sie Pausen in Ihre Lernzeit mit ein!
10–30 % der Arbeitszeit sollten die Pausen ausmachen.

Pausenschema:

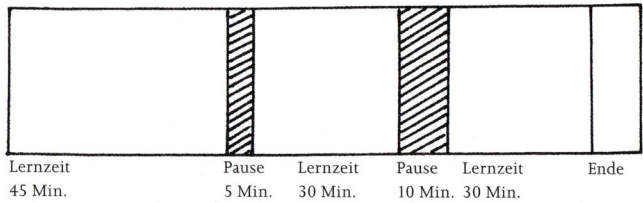

Lernzeit	Pause	Lernzeit	Pause	Lernzeit	Ende
45 Min.	5 Min.	30 Min.	10 Min.	30 Min.	

Pausen erhöhen die Gesamtleistung!

Machen Sie die Pausen bereits dann, wenn Sie noch lernfähig sind, nicht erst, wenn Sie total erschöpft sind.

Wenn Sie eine lange Reise vor sich haben, dann warten Sie
doch auch nicht, bis Ihr Auto irgendwo stehen bleibt, laufen zur nächsten Tankstelle, um neues Benzin zu holen,
sondern Sie tanken bereits, wenn noch einige Liter zur Ver-
fügung stehen, damit die Fahrt dann zügig weitergehen
kann.

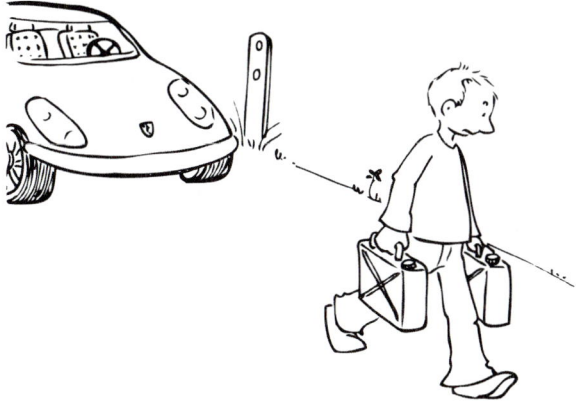

Der Gewinn zeigt sich nicht nur in Form von Mehrleistung
infolge Erholungswirkung, sondern die Einplanung einer
Pause beeinflusst die vorausgehende Arbeitsleistung merk-
lich positiv.

Eine Stunde in Ruhe nachdenken, bringt oft mehr ein als ein ganzer Tag harter Arbeit.

Gestalten Sie Ihre Pausen sinnvoll!

Eine richtige Pausengestaltung bringt neue Energie!

Sauerstoff tanken

Bewegung

Entspannen

Abschalten

Wer nur Wissen aufnimmt und damit sein Hirn als ausgelastet betrachtet, beweist nur, dass er davon zu wenig hat.

Machen Sie öfter kurze (1–2 Min.) „Umschaltpausen"!

Die Speicherung des Lernstoffes ist nicht abgeschlossen, wenn Sie das Buch zuklappen.

Lassen Sie Ihrem Gehirn Zeit, die Informationen sicher und richtig einzuordnen, damit Sie sie später zu jeder Zeit problemlos abrufen können.

Planung des Lernens

Die Straße des geringsten Widerstandes
ist nur am Anfang asphaltiert.   *(H. Kasper)*

Verschaffen Sie sich einen Überblick!

Bevor Sie mit der eigentlichen Lernplanung beginnen, verschaffen Sie sich einen Überblick!

<u>Schriftlich!</u>

Was wollen Sie lernen?
Wie viel Zeit haben Sie für den Lernstoff?
Wann haben Sie Zeit?
Wie ist der Lernstoff aufgebaut?
Was wissen Sie bereits?
Welche Bücher brauchen Sie?
Wo können Sie Informationen
und evtl. Hilfe bekommen?

Schritt für Schritt

Vom Bekannten zum Unbekannten

Vom Leichten zum Schwierigen

Vom Knappen zum Umfangreichen

Vom Einfachen zum Komplexen

Vom Langsamen zum Schnellen

Vom Sichtbaren zum Unsichtbaren

(nach Anaxagoras)

5 x 10 Minuten ist mehr als 1 x 1 Stunde!

Machen Sie kleine „Appetithäppchen"

und versuchen Sie nicht, den ganzen Lachs auf einmal zu essen!

Teilen Sie den Lernstoff auf und verteilen Sie das Lernen!

Kleine Lerneinheiten verschaffen Erfolgserlebnisse! Sie wissen, das ist zu schaffen. Die Lust am Lernen wächst. Es entstehen kein Druck und keine Ermüdung!

Der kluge Mann (die kluge Frau) baut vor!

Stellen Sie einen Lernplan auf!

Ein Lernplan schafft:

LERNKALENDER				
	1.	2.	3.	4.
Mo				
Di				
Mi				
Do				
Fr				

- Freizeit ohne Reue
- mehr Sicherheit
- mehr Entspannung
- mehr Freude am Lernen

Erstens kommt es anders und zweitens als man denkt ...

Planen Sie deshalb „Pufferzonen" mit ein, d. h. Zeiten, für die Sie sich vornehmen, nicht zu lernen.

TAGESPLAN	WOCHENPLAN					
	Mo	Di	Mi	Do	Fr	Sa
8 – 9						
9 – 10						
10 – 11						
11 – 12						
12 – 13						
13 – 14						
14 – 15						
15 – 16						
16 – 17						
17 – 18						

Gehen Sie die Treppe zum Erfolg Stufe für Stufe, und
versuchen Sie es nicht mit einem einzigen Sprung.

Sawizki, E. R.: Lernvergnügen
Graichen, W. U./Seiwert, L. J.: Das ABC der Arbeitsfreude
Seiwert, L. J.: Das Einmaleins des Zeitmanagement
Oppolzer, U.: Verflixt, wie lerne ich das?

 Prioritäten

Das Wichtige bedenkt man nie genug.

(Johann Wolfgang von Goethe)

Ordnen Sie Ihre Aufgaben nach der Wichtigkeit!

Setzen Sie Prioritäten!

Wenn Sie versuchen, zu viel auf einmal zu tun, besteht die Gefahr, dass Sie sich verzetteln und schließlich nichts fertig gebracht haben.

> Widmen Sie sich während einer bestimmten Zeit nur einer einzigen Aufgabe konzentriert, konsequent und zielbewusst.

Machen Sie sich Gedanken darüber, welche Aufgaben erstrangig und welche zweitrangig sind, d. h. ordnen Sie nach der Dringlichkeit.

<u>Machen Sie einen Tagesplan! – Schriftlich!</u>

Kreuzen Sie wichtige Aufgaben an!
Dabei können Sie verschiedene Farben verwenden:
Rot   = sehr wichtig = A-Aufgaben
Blau = wichtig   = B-Aufgaben
Gelb = nicht so eilig = C-Aufgaben

Versuchen Sie, Ihren Plan einzuhalten.

Alles, was Sie erledigt haben, wird durchgestrichen!
Nicht erledigte Aufgaben werden in den morgigen Plan
übertragen.

Graichen, W. U./Seiwert L. J.: Das ABC der Arbeitsfreude
Seiwert, L. J.: Das Einmaleins des Zeitmanagement

Problemlösung

Probleme sind dazu da, um gelöst zu werden!

Lösen Sie den Knoten mit Verstand!

Was machen Sie, wenn Sie ein Problem haben?
Denken Sie so lange darüber nach,
bis Ihnen irgendetwas einfällt?
Geben Sie manchmal frustriert auf,
weil Ihnen kein Lösungsweg in den
Kopf kommen will?
Werfen Sie die Flinte nicht ins Korn!
Bewahren Sie Ruhe und gehen Sie
systematisch daran, eine Lösung zu
finden.

Machen Sie eine Situationsanalyse
(schriftlich!):

■ Wie sieht die jetzige Situation aus? – Was ist gegeben?
■ Worin besteht das Problem? Was fehlt mir?

Denken Sie laut!

Stellen Sie Detailfragen!

Machen Sie „Brainstorming" mit sich allein. Lassen Sie alle Einfälle gelten, auch die, die Ihnen zunächst absurd erscheinen.

Schreiben Sie alle Ideen zur Lösung auf einzelne Zettel.

Mischen Sie anschließend Ihre Ideenzettel, und legen Sie jeweils zwei aufgedeckt vor sich hin. Diese neuen Kombinationen regen Ihr Gehirn zu weiteren Gedanken an.

Wir suchen die Wahrheit. Finden wollen wir sie aber nur dort, wo sie uns behagt. (Marie von Ebner-Eschenbach)

Machen Sie eine kreative Pause!
Während Sie sich entspannen, vollkommen abschalten, d. h. Ihr Bewusstsein in dieser Angelegenheit ausschalten, arbeitet Ihr Unterbewusstsein, Ihre rechte Hirnhälfte weiter.

Sie merken das daran, dass Ihnen plötzlich in ganz anderem Zusammenhang und in völlig neuen Situationen Ideen zu Ihrem Problem einfallen. Manchmal liegt Ihnen ein Wort „auf der Zunge". Sie wissen es, können es jedoch nicht benennen. Minuten, Stunden und manchmal sogar Tage später fällt es Ihnen ein. Ihr Gehirn hat selbständig an dem Problem weitergearbeitet, während Sie sich mit ganz anderen Dingen beschäftigt haben.

Wichtig ist, dass Sie immer Stift und Papier oder ein Diktiergerät zur Hand haben, um die neuen Gedanken festzuhalten.

Achten Sie darauf, dass „Killerphrasen" Ihre Arbeit nicht behindern oder unmöglich machen.

Killerphrasen können sein:

„Das geht doch nicht!"

„Das war immer so, das kann nicht anders sein!"

 Birkenbihl, V.: Mechanismen des Unbewussten bewusst nutzen

 Prüfung

Drum prüfet, was hier wird gefragt,
damit ihr es auch richtig sagt!

Keine Chance dem Prüfungsstress!

<u>Machen Sie sich ganz bewusst, was Sie alles können!</u>
Lesen Sie erst alle Aufgaben von Anfang bis Ende durch!
Fragen Sie sich immer wieder: „Was ist gefragt?"

Sagen Sie sich: „Ich schaffe das!"

Die Dinge haben nur den Wert, den wir ihnen beimessen!

Regeln gegen den Prüfungsstress:

- Je besser Sie vorbereitet sind, desto gelassener sind Sie (desto ruhiger ist Ihr Gewissen)!
- Nicht die ganze Zeit vor der Prüfung darf verplant werden (im Alltag kommt manches anders als man denkt!).
- Bei der Lernplanung sind Wiederholungszeiten zu berücksichtigen.
- Ein Stoffaufbau ist wichtig.
- Kurze, prägnante Zusammenfassungen erleichtern das Lernen.
- Kurz vor der Prüfung sollte kein neuer Stoff mehr gelernt werden.
- Gedächtnistechniken sind eine große Hilfe.
- Versuchen Sie ein Gespräch mit Prüflingen zu führen, die es bereits gut geschafft haben.
- Streben Sie an, was Sie vermeiden wollen. Begeben Sie sich öfter in Prüfungssituationen und spielen Sie Prüfungssituationen zu Hause durch.
- Sagen Sie nicht: Hoffentlich schaffe ich das. Sagen Sie: Ich schaffe das!
- Gönnen Sie sich schöpferische Pausen.
- Lesen Sie bei der Prüfung erst alle Fragen in Ruhe durch.

- Halten Sie sich bei der schriftlichen Prüfung nicht mit schwierigen Fragen auf. Lassen Sie diese bis zum Schluss.
- Beantworten Sie in der mündlichen Prüfung die Fragen kurz und präzise (es sei denn, der Prüfer erwartet einen Vortrag).
- Geben Sie nicht nur Detailwissen von sich, sondern zeigen Sie, dass Sie den <u>Zusammenhang</u> verstanden haben.
- Stellen Sie sich vor, Sie würden den Stoff einem Freund erklären, der keine Ahnung hat.
- Wenn Sie unsicher sind, ob Ihre Antwort richtig ist, entscheiden Sie sich, ob Sie sie überhaupt geben sollten. <u>Wenn Sie antworten, dann überzeugt davon, dass die Antwort richtig ist.</u> Fragende oder „glaubende" Antworten machen den Eindruck des Nichtwissens.
- Wenn Sie etwas nicht wissen, reden Sie nicht um den heißen Brei herum, sondern geben Sie es ehrlich zu.
- Nehmen Sie auch in die mündliche Prüfung Papier und Bleistift mit. Vielleicht fehlen Ihnen die richtigen Worte, dann können Sie schnell eine <u>Skizze</u> machen.
- Senken Sie Ihren Adrenalinspiegel, indem Sie sich <u>vor der Prüfung körperlich bewegen,</u> z.B. einmal um den Häuserblock laufen, Kniebeugen machen oder Entspannungsübungen. Holen Sie tief Luft – „ohm – maa – ha" (→ Entspannung)!

Lanner, H.: Prüfungen – mit Erfolg

Rechtschreibhilfen

Schwächen schaden uns nicht mehr,
sobald wir sie erkannt haben.

Rechtschreibfehler kann man vermeiden!

Um in der Rechtschreibung sicherer zu werden, gibt es mehrere Möglichkeiten:

■ <u>Machen Sie eine Fehlerstatistik.</u> Für jeden Fehler wird je nach Fehlerart ein Strich gemacht, um schnell herauszufinden, wo die Probleme liegen.

Fehlerstatistik	
Flüchtigkeitsfehler	‖‖ ‖‖
Rechtschreibfehler	‖‖ ‖‖ ‖‖ ‖‖
Grammatikfehler	‖‖ ‖
Falsche Trennung	‖
Satzzeichen	‖‖ ‖‖ ‖‖ ‖‖ ‖
Ausdruck	‖
Sonstige	‖‖

Rechtschreibfehler	
Fehler bei „ss" u. „ß"	‖‖
e statt ä	‖
ei statt ai	‖
v statt f	‖
b statt p	‖‖
Dehnungs-H	‖‖ ‖
Groß- u. Kleinschreibung	‖‖ ‖

- Übungsdiktate sollten kurz und schwer sein, anstatt leicht und lang, denn es geht doch darum, Schwächen zu erkennen und anschließend zu beheben.
- <u>Fehler werden nicht unterstrichen</u> (schon gar nicht in Rot), denn alles, was unterstrichen ist, prägt sich besser ein, und das falsch geschriebene Wort soll ja nicht gespeichert werden.
- Falsch geschriebene Wörter werden am besten mit einem dicken Filzstift unkenntlich gemacht oder überklebt und durch richtig geschriebene Wörter ersetzt.
- Bei Diktaten sollte möglichst <u>sofort korrigiert</u> werden.
- Lückentexte sind eine sinnvolle Ergänzung des Diktats.

 Keller, G.: Lernen will gelernt sein!
Endres, W.: So macht Lernen Spaß

Wer nicht kleine Fehler vermeidet,
verfällt allgemein in größere.　　　　　　(Th. a Kempis)

Vertreiben Sie den Fehlerteufel mit Fantasie!

Setzen Sie, auch wenn es um die Rechtschreibung geht, Ihre rechte Gehirnhälfte ein.

Sie trainieren zunächst Ihre Vorstellungskraft, indem Sie zu jedem Buchstaben des Alphabets ein passendes Bild „malen".

Beispiel:

A = Affe	J = Jäger	S = Sonne
B = Brille	K = Kamel	T = Torte
C = Cola	L = Lasso	U = Ufo
D = Dach	M = Mond	V = Vase
E = Esel	N = Nixe	W = Welle
F = Fahne	O = Ofen	X = Hexe
G = Gitarre	P = Pilz	Y = Yacht
H = Hut	Q = Qualle	Z = Zelt
I = Igel	R = Rose	

Wenn Sie immer wieder bei einem Wort überlegen müssen, wie es geschrieben wird, ob z. B. „Akkordeon" mit „kk" oder mit „ck" geschrieben wird, dann stellen Sie sich ein Akkordeon vor, das zwischen zwei Kamelen hängt.

Wenn Sie überlegen, wie „Trawler" geschrieben wird, dann genügt es in Zukunft, sich einen Affen vorzustellen, der von einer großen Welle überspült wird, um das Wort richtig mit „aw" zu schreiben. Vor allem Kindern macht dieses Fantasiespiel sehr viel Spaß. Jedoch auch Erwachsene können mit Fantasie den Fehlerteufel besiegen und gleichzeitig ihre rechte Gehirnhälfte trainieren.

 Oppolzer,U.: Verflixt, wie lerne ich das?

Wer sich nicht selbst helfen will, dem kann niemand helfen.
(Johann Heinrich Pestalozzi)

Eine weitere Möglichkeit, Fehler zu vermeiden, besteht darin, neue schwierige Wörter mit bekannten Wörtern zu verbinden:

Beispiel: I <u>laid</u> the <u>maid</u> onto the green floor,
then I <u>lay</u> myself onto the <u>hay</u>
and I never <u>denied</u> that this is all <u>lied</u>

Durch die Verbindung von zwei gleich klingenden Wörtern wird die Schreibweise ganz deutlich. Damit in diesem Fall die englischen Wörter   to lay, laid, laid = legen
to lie, lay, lain = liegen
to lie, lied, lied = lügen

nicht verwechselt werden, stehen sie sich in der „Geschich-te" gegenüber.

Für die Rechtschreibung allgemein gilt:

- schwierige Wörter mit bekannten Wörtern in einem Satz verbinden
- Wörter, die leicht zu Verwechslungen führen, in eine Geschichte packen

Beispiele:

Meine Schwester Josefine arbeitet in der Kantine.

Alle Linien eines Zebrastreifens laufen parallel.

Die Vase hat ein großes Volumen.

In der Philharmonie sitzen die Leute nach dem Alphabet.

Mein Bruder Christian liebt das Orchester.

Geschichten mit „ai":

Rainer Kaiser ist das Waisenkind, das am Main lebt und oft am Wegrain spazieren geht und Gitarre spielt. Das Faible für Saiteninstrumente hat er vom Großvater Kai, der ebenso wie Rainer gern im Main angelte und in der Saison, im Mai, den Fischlaich dem fairen Waidmann Saint John schenkte, der um die Taille oft das pailettenbesetzte Tuch geschlungen hatte, das der Ukrainer Lakai ihm aus der Taiga oder vom Baikalsee mitgebracht hatte.

(Wörter mit „ei" sind in solchen Geschichten nicht erlaubt.)

Referat

Wenn Sie wieder einmal ein Referat halten sollen, dann achten Sie auf folgende Punkte:

- Bereiten Sie sich gut vor, damit Sie sicher sind, dass Sie alles Wichtige wissen.
- Vor allem der Anfang und der Schluss müssen gut vorbereitet sein.
- Halten Sie das Referat zunächst vor Ihrem Partner, einem Freund oder einer Freundin.
- Halten Sie das Referat vor dem Spiegel, dann können Sie auch Ihre Körperhaltung erkennen
- Sprechen Sie das Referat auf ein Diktiergerät, dann merken Sie, an welchen Stellen noch Unsicherheiten bestehen und zu lange Pausen entstehen. Außerdem können Sie es immer wieder anhören.
- Achten Sie auf Ihre Körperhaltung.
- Zappeln Sie nicht herum und halten Sie sich nicht am Pult fest.
- Wählen Sie einen Einstieg, der neugierig macht, der die Zuhörer aufhorchen lässt.
- Achten Sie auf einen klaren Aufbau Ihres Referates.
- Achten Sie darauf, dass Sie die Informationen anschaulich darstellen.

- Verwenden Sie Folien, Fotos, Plakate, Modelle, ...
- Bereiten Sie Arbeitsblätter für Ihre Zuhörer vor, auf denen eine Zusammenfassung steht, die evtl. durch Skizzen, Diagramme oder Tabellen ergänzt wird.
- Beziehen Sie Ihre Zuhörer in das Referat mit ein.
- Bereite Sie kleine Experimente oder Übungen vor.
- Halten Sie Blickkontakt mit den Zuhörern.
- Benutzen Sie einen kleinen Stichwortzettel. Das fertige Skript verführt dazu, dass Sie zuviel ablesen. Das geht für die Zuhörer zu schnell. Sie fühlen sich nicht angesprochen und schalten ab.

 Reichel, G.: Frei reden ohne Lampenfieber
Ullmann, F.: 101 Tips für erfolgreiche Redner
Mantel, M./Fischer, R.: Reden – Mitsprechen – Verhandeln
Oppolzer, U.: Verflixt, wie lerne ich das?

Ratschläge für einen schlechten Redner (Kurt Tucholsky)
- *Fang nie mit dem Anfang an, sondern immer drei Meilen vor dem Anfang!*
- *Sprich nicht frei – das macht einen unruhigen Eindruck.*
- *Sprich wie du schreibst. Sprich mit langen, langen Sätzen.*
- *Fang immer bei den alten Römern an.*
- *Kümmere dich nicht darum, ob die Wellen, die von dir ins Publikum laufen, auch zurückkommen.*
- *Kündige den Schluss deiner Rede lange vorher an.*
- *Sprich nie unter anderthalb Stunden.*

Sprachen lernen

Mit jeder Sprache mehr, die du erlernst, befreist du einen bis daher in dir gebundenen Geist.

(Friedrich Rückert)

Lernen Sie Sprachen effektiv!

- Stures Vokabelbüffeln bringt nicht viel! Die linke Hirnhälfte wird überlastet, während die rechte Hirnhälfte „arbeitslos" ist (→ Gehirnhälften). Viele Wiederholungen sind nötig!
- Lernen Sie Vokabeln im Zusammenhang! Bilden Sie ganze Sätze!
- Lernen Sie so oft wie möglich handelnd!
- Lernen Sie mit CD's! Hören Sie den Text und <u>stellen Sie sich die Einzelheiten bildhaft vor!</u> Ihre rechte Hirnhälfte arbeitet aktiv mit, denn Sie verarbeitet sowohl Bilder wie auch den Wortklang, die Sprachmelodie. Wenn Sie den Text so oft gehört haben, dass sie ihn vollkommen verstehen, hören Sie die CD nebenbei. Hören Sie dabei nicht mehr bewusst zu! Wenn Ihnen der Text ganz vertraut erscheint, sprechen Sie mit dem Sprecher auf der Kassette mit und die einzelnen Sätze jeweils nach! (Drücken Sie dafür auf die Pausentaste)
- <u>Lernen Sie mit der Lernkartei!</u>

■ <u>Übersetzen Sie Texte zunächst wörtlich!</u> So lernen Sie die Bedeutung der einzelnen Wörter in ihrem Zusammenhang. Ihre rechte Hirnhälfte wird auch aktiv! Idiome sind kein Problem mehr! – Sie werden schneller in der fremden Sprache denken können.

> Je absurder die wörtliche Übersetzung klingt, desto besser erkennen Sie den Aufbau der Fremdsprache und damit, was in dieser Sprache anders ist als in der Muttersprache.

Einen Gescheiten kann man überzeugen,
einen Dummen muss man überreden.

(Johann Wolfgang von Goethe)

■ Führen Sie in Gedanken Selbstgespräche in der fremden Sprache! Denken Sie zunächst, was Sie denken können und erst dann, was Sie wollen. Bewegen Sie sich zunächst in dem sprachlichen Bereich, den Sie beherrschen und steigern Sie dann allmählich Umfang und Schwierigkeitsgrad.
■ Lernen Sie die unterschiedlichen Fremdsprachen in verschiedenen Räumen!
■ Hören Sie Lieder in der Fremdsprache!
■ Lernen Sie mit leiser Instrumentalmusik im Hintergrund!

- Lernen Sie, indem Sie sich bewegen! Gehen Sie im Zimmer hin und her, verrichten Sie Arbeiten, bei denen Sie nicht nachdenken müssen. Gehen Sie mit einem Wiedergabegerät spazieren.
- Spielen Sie Dialoge und Situationen!
- Lernen Sie ganze Textstellen, besonders Dialoge, auswendig!
- Benutzen Sie verschiedene Farben! Schreiben Sie z. B. den englischen Text grün und den französischen Text blau.

 Birkenbihl, V.:   Die Birkenbihl-Methode, Fremdsprachen zu lernen
Stroh im Kopf
Kleinschroth, R.: Sprachen lernen

Störungen beim Lernen

„Klaus, ich will dich ja nicht stören, aber kannst du mir schnell sagen, wo du den Dosenöffner hingelegt hast?"

Auch die kleinste Unterbrechung ist eine Störung!

Wird ein Lernprozess durch unmittelbar darauf folgende Erregungen (Schreck, Ärger, Freude) gestört, so wird das Einprägen des neuen Lernstoffes deutlich behindert.

Lernstörungen:

- plötzliche Unterbrechung der Arbeit
- Lärm – Gespräche – Fernsehen …
- zu hohe Raumtemperatur – zu trockene Luft
- unzureichende Beleuchtung
- visuelle Störungen
- Konflikte, Enttäuschungen, unerfüllte Wünsche
- Zeitdruck
- Überforderung, Erschöpfung
- Angst
- Unlust

Hängen Sie ein Schild an die Tür:

Bitte nicht stören!

Spielen Sie öfter das „Störspiel" (→ Konzentration).

Sprechen Sie mit Ihren Familienmitgliedern darüber, dass es wichtig ist, ohne Unterbrechung zu lernen. Ihre „Stille Stunde" sollte am Anfang nur kurz sein (vielleicht 15 oder 20 Minuten) und dann langsam immer länger werden.

Geben Sie sich und den anderen die Möglichkeit, sich an ein störungsfreies Lernen zu gewöhnen.

✓ Stress

Wende dein Gesicht der Sonne zu,
dann fallen die Schatten hinter dich! (Chinesische Weisheit)

Stress, dieser längst zum Schlagwort gewordene Begriff, stammt aus dem Englischen und bedeutet ursprünglich Anspannung, Verzerrung, Verbiegung, zunächst auf dem Gebiet der Materialprüfung, etwa von Metallen und Glas. In die Biologie wurde der Begriff 1950 eingeführt.
Stress gibt es nicht erst seit heute!

Stress ist ein lebenswichtiger Vorgang, der seit Urzeiten untrennbar mit dem Leben verbunden ist. Stress ist also zunächst einmal etwas ganz Natürliches, ein seit Millionen von Jahren eingebauter Verteidigungsmechanismus des Körpers. Bei Gefahr mobilisiert Stress in Sekundenschnelle alle Energiereserven für eine extreme Muskelleistung. Er dient so zur blitzschnellen Vorbereitung auf Flucht oder Angriff. Das Denken muss dabei ausgeschaltet werden, damit die Reaktion fast reflexartig erfolgen kann. Für den Steinzeitmenschen waren Stressreize und ihre Folgereaktionen die Ausnahmesituationen. In unserer hoch technisierten Welt gehört das Stressgeschehen leider zum Alltag. Ungewohnte oder mit Gefahr verbundene Wahrnehmungen (z. B. beim Autofahren) oder unangenehme Erinnerungen,

Zeitdruck, Leistungsdruck, tatsächliche oder vermeintliche Erwartungen, Angst … usw. lösen über das Zwischenhirn und den Sympathicusnerv eine direkte Stimulation der Nebennieren aus. In Bruchteilen von Sekunden werden von dort zwei Hormone in den Blutkreislauf geschickt: Adrenalin und Noradrenalin. Das sind die so genannten Stresshormone, die dazu dienen, den Körper schlagartig für körperliche Höchstleistungen zu präparieren.

Folgen des steigenden Adrenalinspiegels im Blut: hoher Blutdruck, Mobilisierung der Fett- und Zuckerreserven. Ein Nebeneffekt ist, dass die Schaltstellen (Synapsen) zwischen den Nervenzellen im Gehirn blockiert werden. <u>Das Denken und Erinnern funktioniert nicht mehr. Es kommt zu Denkblockaden.</u>

Dauerstress belastet den Organismus, vor allem dann, wenn das notwendige Abreagieren durch Bewegung unterbleibt. Nur so können jedoch die Stresshormone im Blut schnell wieder abgebaut werden, und der Körper kann zur Ruhe kommen.

Bewegung ist Hilfe gegen Stress!

Vester, F.: Phänomen Stress
Birkenbihl, V.: Freude durch Stress
Oppolzer,U.: Bewegte Schüler lernen leichter

Stressfaktoren

Stressfaktoren + Lernen:

STRESS FAKTOR	ANTWORT GEWUSST	DENK-BLOCKADE
Keiner	91 %	
Angst machen	50 %	X
fremd	41 %	X
abstrakt	33 %	X

(Abb. aus: Vester, F.: Denken, Lernen, Vergessen)

Stressoren:

Angst – Leistungsdruck – Zeitdruck
Erwartungsdruck (von innen und außen)
Konflikte – Ärger – Aggressivität
Überreizung (Fernsehen, Straßenverkehr, Lärm …)
Existenzsorgen

Folgen der Stressfaktoren sind:

Denkblockaden
Gedächtnisschwäche
Konzentrationsmangel
Schwächung aller oder bestimmter Organe
Krankheiten

 Vester, F.: Denken, Lernen, Vergessen

✓ Superlearning

Zuerst belehre man sich selbst,
dann wird man Belehrung von anderen empfangen.

(Johann Wolfgang von Goethe)

Superlearning = Suggestopädie = Methode Dr. Losanow

Dazu gehört:

1. Erlernen einer Entspannungstechnik
2. Lernen mit Informationskassetten Die Stimme des Sprechers muss variationsreich sein – mal laut, mal leise, mal mit und mal ohne Betonung.
3. Erlernen einer Lernatemtechnik
4. Lernen mit Barockmusik

Ursprünglich war diese Methode vor allem für den Fremdsprachenunterricht gedacht; sie kann jedoch auf allen Wissensgebieten angewendet werden.

Wichtig ist, dass

- nicht nur isolierte Informationen aufgenommen werden, sondern dass Zusammenhänge hergestellt werden,
- die Informationen in Bilder umgesetzt werden, damit die rechte Gehirnhälfte nicht nur angeregt wird, sondern voll mitarbeitet.

1. Entspannungstechniken:

Autogenes Training – Yoga
Progressive Muskelentspannung – Meditation
Alpha-Training – Bio-Feedback
Einfache Suggestiventspannung

2. Stimm-Modulation:

Eine gleich bleibende, eintönige Stimme ist einschläfernd.
Sobald die Lautstärke und Betonung wechseln, wird die
Aufmerksamkeit immer wieder neu geweckt.

3. Lernatemübung:

Rhythmisch einatmen (2 Sek.) – Luft anhalten (4 Sek.) –
ausatmen (2 Sek.) Grundlage dieser Atmung ist die Erkenntnis, dass wir immer dann, wenn wir voll konzentriert sind,
den Atem anhalten.

4. Barockmusik:

Die Largo-Sätze der Barockmusik haben einen Rhythmus,
der dem optimalen Herzrhythmus von 60 Schlägen pro
Minute entspricht.

Problem dieser Lernmethode:

Wenn Sie zu schnell mit der Lern-CD beginnen, bevor Sie
sich also richtig entspannen können, sind Sie mit dieser
Lernmethode nicht erfolgreich und sehen sie negativ.

Eine gründliche Vorbereitung ist unerlässlich!

Sita-Learning
ist eine Variante des Superlearning

Lernen auf zwei Ebenen
Grundlage ist die Erkenntnis, dass die beiden Hirnhälften verschiedene Aufgaben erfüllen.

Hierbei werden apparativ Entspannung erzeugt und davon abhängig Lerninformationen angeboten.

Sita-Learning ist ein Wechselspiel zwischen aktiv übendem und passiv aufnehmendem Lernen.

Neu ist die Verwendung von Bio-Feedback-Apparaten zur Entspannungseinleitung und -kontrolle im Rahmen von kontrollierten Lernverfahren.

Anbieter: SITA Daten- und Kommunikations-GmbH
Amselstieg 38, 25421 Pinneberg

 Bröhm-Offermann, B.: Suggestopädie
Teml, H.: Entspannt lernen

Technik des Lernens

Wechsel der Weide macht fette Kälber!

Wechseln Sie ab:

- Lernaktivitäten
  (Schreiben, Lesen, Denken)
- Lernmedien
  (Buch, CD, Heft)
- Lernstoffe (Englisch, Mathe, …)
- Heftgestaltung um
  Konzentration und
  Lernfähigkeit zu steigern.

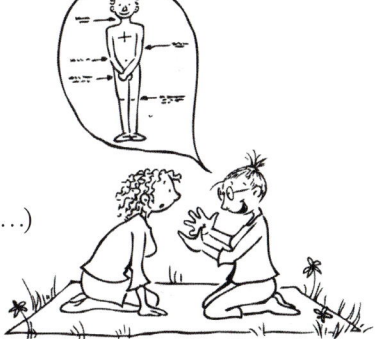

Die beste Art zu lernen ist Lehren!

Erklären Sie anderen den gelernten Stoff!

Wenn Sie versuchen, einem anderen Menschen einen bestimmten Sachverhalt zu erklären, merken Sie sehr schnell, ob Sie selbst die Zusammenhänge genau verstanden haben und ob Ihnen Einzelheiten verloren gegangen sind.

Nehmen Sie keine Angel, sondern ein Netz!

Knüpfen Sie ein Netz!

Lernen Sie in Zusammenhängen! Lernen Sie nicht nur einzelne Details!

Informationen gleichen Fischen, die wir nur aus dem Meer unseres Gedächtnisses fischen können, wenn wir ein dicht geknüpftes Netz besitzen. Wenn Sie Ihr Wissen in Zusammenhänge stellen, wird es fester gespeichert und verknüpft, so wie das Fischernetz umso besser ist, je dichter die Maschen sind. Je kleiner der „Fisch" ist, d.h. je unbedeutender eine Information erscheint, desto dichter muss das Netz geknüpft werden, desto mehr Gedankenverbindungen sind erforderlich. Je dichter Sie das Netz aller Fakten eines Unterrichts, eines Buches oder einer Aufgabe knüpfen, desto mehr „Fische" (Informationen) können gefangen werden.

Alles ist einfach, wenn man es einer Sammlung von Model-
len zuordnen kann.

 Graichen, W. U./Seiwert, L. J.: Das ABC der Arbeitsfreude

Nicht wie Kraut und Rüben ...

Versuchen Sie, die Struktur eines Lernstoffes zu erfassen!

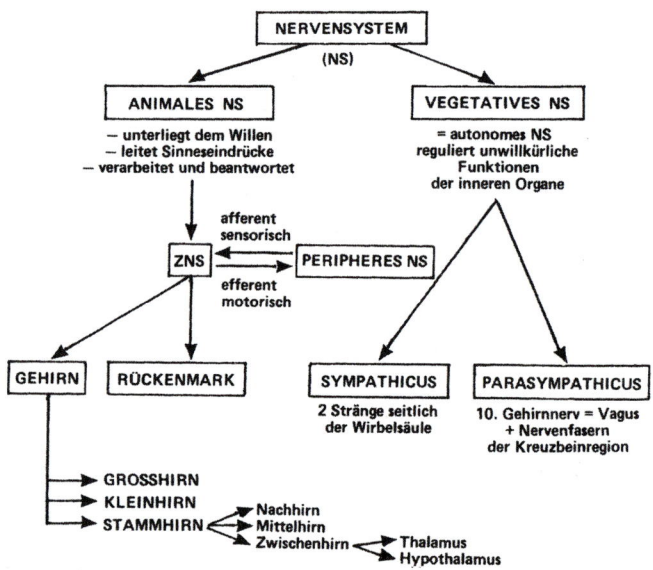

Wat dem einen sien Uhl, is dem annern sien Nachtigall!

Wichtig ist, was *Sie* für wichtig halten!

Machen Sie Ihren Lernstoff bedeutungsvoll

- Finden Sie praktische Anwendungsmöglichkeiten und Nutzeffekte heraus!
- Formulieren Sie Fragen!
- Erzählen Sie das Gelernte einem Freund!
- Machen Sie in Gedanken einen „Film" aus den Tatsachen und lassen Sie ihn immer wieder ablaufen!
- <u>Unterstreichen Sie wichtige Fakten</u>, gliedern Sie den Text, fassen Sie mit eigenen Worten zusammen!
- Stellen Sie Vergleiche an!
- Finden Sie Parallelen und Analogien!
- Spielen Sie den Lernstoff durch!
- Stellen Sie sich vor, Sie seien Reporter!
- Finden Sie „sensationelle" Überschriften!
- Setzen Sie Gedächtnistechniken ein!

Nur wer loslässt, kann festhalten!

Beißen Sie sich nicht fest!

Wenn Sie bei einer Aufgabe, einem Lernproblem nicht weiterkommen, machen Sie eine kleine Pause und beschäftigen sich mit anderen Dingen oder mit einem anderen Lernstoff. Nur wenn Sie entspannt sind, kann Ihr Gehirn optimal arbeiten. Denkblockaden treten immer dann auf, wenn wir verkrampft in unserem Gedächtnis kramen.

☑ Texterarbeitung

*Wer Geist hat, hat sicher auch das rechte Wort, aber
wer Worte hat, hat darum noch nicht unbedingt Geist.*

(Konfuzius)

5-Punkte-Programm zur Erarbeitung von Texten:

Punkt 1: Überblick gewinnen

Punkt 2: Leitfragen formulieren

Punkt 3: Lesen

Punkt 4: Wiederholung jedes einzelnen Teilabschnitts

Punkt 5: Wiederholung des Ganzen

zu Punkt 1:

Fragen: <u>Welches sind die Hauptgedanken?</u>

Wie ist der Lehrstoff aufgebaut?

Worauf legt der Verfasser Wert?

Welche wichtigen Begriffe tauchen auf?

zu Punkt 2:

Machen Sie aus Überschriften Fragen! <u>Formulieren Sie Fragen,</u> auf die Sie mit wichtigen Sätzen antworten können. Bestehen Beziehungen zu Ihren eigenen Erfahrungen? Gibt es für Sie praktische Anwendungsmöglichkeiten?

zu Punkt 3:

Machen Sie beim Lesen nach jedem Absatz Halt. Lassen Sie Ihrem Gehirn Zeit, die Informationen zu verarbeiten und gut zu speichern. <u>Machen Sie Zeichen an den Rand und unterstreichen Sie.</u> Machen Sie sich Notizen und kleine Skizzen. Notizen fördern die Lernaktivität und erhöhen das Verständnis und die Gedächtnisleistung.

zu Punkt 4:

Machen Sie nach jedem Absatz Halt und <u>versuchen Sie, den Inhalt mit eigenen Worten wiederzugeben</u> (Kassettenrecorder). Fragen Sie: Worum ging es? Welches sind die wichtigsten Aussagen? Welche Begründungen gibt es?

zu Punkt 5:

Stellen Sie sich vor, Sie sollten ein Referat über den Text halten. Womit würden Sie beginnen? <u>Welche Reihenfolge der Fakten ist sinnvoll?</u> Was ist das Fazit des Textes? Welche Folgen ergeben sich daraus?

Keller, G.: Lehrer helfen lernen
Löhle, M.: Lernen lernen Hogrefe 2005
Markova,.D.: Wie kinder lernen Freiburg 1998
Metzig, W./Schuster, M.: Lernen zu lernen Berlin 2006

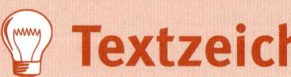# Textzeichen

Wer den Kern essen will, muss die Nuss knacken.

Setzen Sie Zeichen!

Für die Texterarbeitung ist es sinnvoll, beim ersten Überblicklesen den Text mit Randzeichen zu versehen und wichtige Begriffe zu unterstreichen oder einzurahmen.

Dann wissen Sie bei der anschließenden eigentlichen Textarbeit sofort, was zu tun ist, welche Stellen besonders zu beachten sind und welche geklärt werden müssen.

Vorschlag für Randzeichen:

!	= wichtig
!!	= sehr wichtig
?	= nicht ganz verstanden
?!	= überhaupt nicht verstanden
§	= inhaltlich zu überprüfen
▢	= nachschlagen

‖: = Wiederholung

→ = daraus folgt

↓↑ = siehe unten
    = siehe oben

⇆ = Widerspruch

B = Beispiel

∅ = Durchschnitt

F = Fotokopieren

☐ = dazu Karteikarten schreiben

△ = interessant

Z = Zusammenfassung

☺ = witzige Stelle

 Hüholdt, J.: Wunderland des Lernen!

Grau, teurer Freund, ist alle Theorie,
und grün des Lebens goldner Baum.
                    (Johann Wolfgang von Goethe, Faust)

Theorien des Lernens

Drei wichtige Lerntheorien

1. Reiz–Reaktions–Lernen

(Klassisches Konditionieren)

= Signal-Lernen

2. Lernen durch Verstärkung

(Operantes Konditionieren)

= Konsequenz-Lernen

3. Lernen durch Einsicht

(Kognitives Lernen)

... auf den Hund gekommen

Das Reiz-Reaktions-Lernen = Signal-Lernen

= Klassisches Konditionieren
wird an dem berühmten Versuch des russischen Psychologen Iwan Pawlow deutlich (siehe Abb. auf S. 206).

Pawlow ließ, während er seinem Hund Futter reichte, immer einen bestimmten Ton hören. Schließlich reichte dieser Ton aus, um den Hund auf Fressen einzustellen.
Pawlow konnte messen, dass der Hund bei dem Ton ebenso Speichel produzierte wie beim Anblick des Futters.

Folgerungen aus Pawlows Erkenntnissen:

1. Wenn Sie stets zu bestimmten Zeiten lernen,
   stellt sich die Lernbereitschaft von alleine ein.
2. Wenn Sie immer an dem selben Platz lernen,
   unterstützen Sie Ihre Lernbereitschaft!
3. Wenn Sie sich eine angenehme Lernatmosphäre
   schaffen, wird auch das Lernen angenehm.

Neue Gedanken sind nicht häufig.
Sag uns die alten nur geläufig.   (W. Busch)

Lernen durch Verstärkung = Konsequenz-Lernen

= Operantes Konditionieren

Am Beispiel der Tauben macht der amerikanische Verhaltensforscher Skinner deutlich, wie wichtig die Belohnung beim Lernen ist und dass sie jeweils konkret und direkt nach einem Lernabschnitt erfolgen muss.

Die Lehre B. F. Skinners (geb. 1904–1990):

Skinner arbeitete vorwiegend mit Tauben im Käfig. Durch Futtergabe verstärkte er z. B. bestimmte Bewegungen der Tauben so, dass sie schließlich „tanzen" konnten.

Skinner ist der Ansicht, dass durch Verstärkung gewisser Verhaltensweisen und Ignorierung anderer jedes gewünschte Verhalten erzielt werden kann.

Folgerungen aus Skinners Erkenntnissen:

1. Unterteilen Sie umfangreiche Arbeiten in kleine, überschaubare Arbeitsschritte.

2. Verstärken Sie Ihr Lernverhalten, indem Sie sich belohnen.

3. Belohnen Sie sich immer unmittelbar im Anschluss an einen Lernschritt!

Einsicht ist der erste Schritt zur Besserung!

Lernen durch Einsicht = Kognitives Lernen

Bei dem Versuch des deutschen Psychologen Köhler steckten Schimpansen entsprechend vorbereitete Stäbe ineinander, um außerhalb des Käfigs liegende Bananen zu erreichen.

Folgerungen aus Köhlers Versuch:

1. Es ist wichtig, möglichst schnell einen Überblick zu gewinnen!
2. Die Struktur eines Lernstoffes muss erkennbar sein!
3. Das Gelernte muss möglichst umgehend angewandt werden!

 Schräder-Naef, R.: Rationeller Lernen lernen
Heineken, E./Habermann, Th.: Lernpsychologie für den beruflichen Alltag

Tipps für Eltern

Wie die Eltern sind, wie sie durch ihr bloßes Dasein auf uns wirken, das entscheidet.

- Zeigen Sie Ihre Zuneigung unabhängig von der Leistung des Kindes, und seien Sie bereit zu verstehen!
- Fördern Sie von Anfang an die Selbständigkeit Ihres Kindes!
- Leiten Sie an und beraten Sie, aber zwingen Sie nicht!
- Überfordern Sie Ihr Kind nicht!
- Loben Sie mehr und ermutigen Sie, anstatt zu schimpfen, zu mahnen und zu strafen. <u>Antreiben führt zum Trödeln!</u>
- Eltern haben Wünsche, Kinder wache Augen.

Denken Sie daran, dass Kinder v. a. durch Beobachten und Nachahmen lernen. Verhalten Sie sich immer so, wie Sie wünschen, dass Ihr Kind sich verhält, aber vergessen Sie dabei nicht, dass jeder Mensch anders ist, dass Ihr Kind eine eigenständige Persönlichkeit ist.

- Üben Sie sich in Geduld. <u>Zu viel Kümmern bringt Kummer!</u> Viele Entwicklungsschritte erfolgen auch ohne Ihre Anregung zu der entsprechenden Zeit.
- Kritisieren Sie nicht – außer: Stopp, das ist nicht richtig!
- Stellen Sie keine Vergleiche mit anderen Kindern an! Sehen sie die Leistungsveränderung Ihres Kindes.

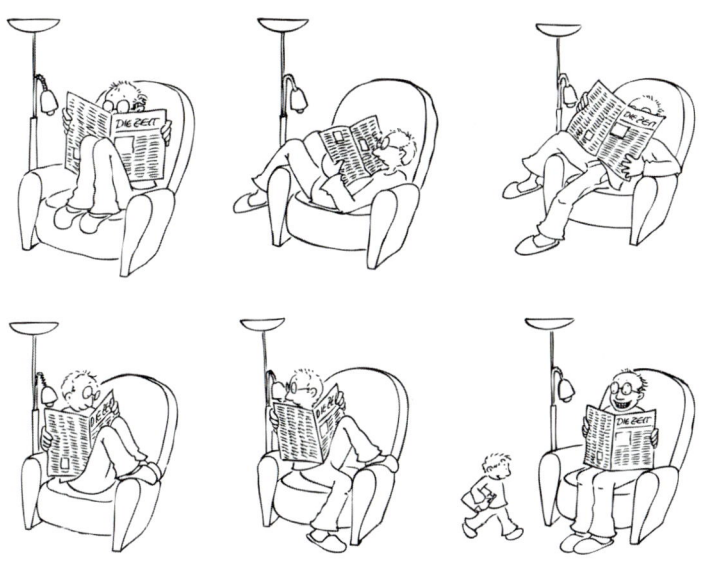

- <u>Betrachten Sie nicht das Ergebnis, sondern die Anstrengung!</u>
- Für Übungen gilt: Qualität statt Quantität.
- Nutzen Sie den Spieltrieb des Kindes für das Lernen!

Solange ein Kind klein ist – gib ihm Wurzeln,
wenn es größer ist – gib ihm Flügel.

- Sagen Sie nie: Sei nicht so neugierig!
- Loben und belohnen Sie mit Bedacht (kein Geld!).

- Wenn Sie loben, schränken Sie das Lob nicht gleichzeitig durch Kritik ein!
- Wenn Sie Kritik äußern, verbinden Sie sie mit positiven Feststellungen. (Auch an einer ungenügenden Arbeit gibt es noch etwas Positives.)
- Loben Sie, wenn das Kind selbst Fehler findet bzw. Verbesserungsvorschläge äußert.
- Wenden Sie sich Ihrem Kind zu, wenn es eigentlich gar nicht nötig ist, d. h. wenn es selbständig ist und kein Problem aufgetaucht ist.
- Versuchen Sie, selbst fit zu sein!
- Geben Sie auf Fragen keine Lösungen, sondern nur Anregungen und kleine Hilfestellungen!
- Erklären Sie Regeln bildhaft und mit Beispielen aus dem Alltag!
- Lassen Sie Ihr Kind (z. B. bei Textaufgaben) laut denken!
- Interessieren Sie sich für die Arbeit Ihres Kindes ebenso wie für die Arbeit Ihres Partners, aber kontrollieren Sie nicht! Haben Sie Vertrauen und Zutrauen!

Keyserlink, L. von: Naschen, Trödeln, Träumen
Gordon, T.: Familienkonferenz in der Praxis
Bergmann, W.: Nur Eltern können wirklich helfen
Kline, P.: Das alltägliche Genie
Markova, D.: Wie Kinder lernen (Kids)
Oppolzer, U.: Verflixt, wie lerne ich das?

Tipps für Biologie/ Chemie/Physik

Es gibt mehr Leute, die kapitulieren,
als solche, die aufgeben! (Henry Ford)

- Verzeichnis anlegen: Symbole – Fachwörter – Formeln!
- Beispiele aus der Wirklichkeit suchen, die physikalische, chemische und biologische Gesetze belegen (schriftlich)!
- Schwierige Lehrbuchsätze in eigene Worte fassen!
- Schwierige Sachverhalte in anderen Büchern und Lexika nachlesen, v. a. zunächst einfache, klar verständliche Texte wählen (Sachbücher für Kinder und Jugendliche)!
- Wichtige Fakten unterstreichen!
  Unklare Sachverhalte ankreuzen und in der nächsten Unterrichtsstunde nachfragen!
- Schwer verständliche Lernstoffe zeichnerisch darstellen!
- Tabellen, Diagramme, Schemata erstellen!
- Fehler-Klärung durchführen!
  Welche Fehler treten am häufigsten auf?

- Aufspüren von Wissenslücken!
- Artikel in Zeitschriften ausschneiden und sammeln!
- Auf Fernsehsendungen zu den besprochenen Themen achten!
- Ausstellungen besuchen!
- Lange Lerntexte Schritt für Schritt erarbeiten und abschnittweise mit eigenen Worten zusammenfassen!
- Texte und eigene Zusammenfassungen auf ein ein Diktiergerät sprechen und zwischendurch abhören!
- Zeichen an den Rand des Textes machen!

Eltern sind: morgens eine Startrampe

mittags eine Tankstelle

abends eine Garage

 Elschenbroich, D.: Weltwissen der Siebenjährigen
Oppolzer, U.: Verflixt, wie lerne ich das?

Tipps für Mathematik

Man kann alles, wenn man sich nur recht viel zutraut.

- Hausaufgaben für Mathematik möglichst am selben Tag erledigen (Unterricht noch gut im Gedächtnis)!
- Aufgaben möglichst handelnd lösen!
- Haupt- und Nebenrechnungen voneinander trennen!
- Ergebnisse unterstreichen!
- Seite übersichtlich beschriften!
- Formeln, Merksätze, … öfter wiederholen!
- Fehlerstatistik anfertigen!
- Mathematik im Alltag anwenden!
- Textaufgaben genau durchlesen! Fragen stellen! Skizzen machen!
- Textaufgaben spielen!
- Rechenspiele spielen!

Spiele

1. „Wackelpudding"

   Bei diesem Spiel geht es um Schnelligkeit und damit um volle Konzentration. Es wird laut gezählt, wobei alle Zahlen, in denen z.B. eine 3 vorkommt oder enthalten ist, durch das Wort „Wackelpudding" ersetzt werden müssen. Wer nicht aufpasst und zur falschen Zeit „Wackelpudding" ruft, bekommt einen Spieltaler. Wer die meisten Spieltaler gesammelt hat, bekommt eine vorher ausgemachte Aufgabe.

2. „Zauberzahl"

Denken Sie sich eine Zahl zwischen 1 und 99 und hängen Sie bei dieser Zahl eine Null an. Denken Sie sich nun eine Zahl zwischen 1 und 9 und multiplizieren Sie diese Zahl mit 9. Das Ergebnis ziehen Sie von der ersten Zahl ab. Nennen Sie das Resultat.

Nehmen wir an, Sie sagen 177, dann weiß ich, dass Ihre gedachte Zahl 24 sein muss. Können Sie erklären, wie ich darauf komme?

Lösung: Wenn das Resultat dreistellig ist wie hier 177, dann rechne ich $17 + 7 = 24$
Bei zweistelligen Resultaten wird einfach die Quersumme gebildet.

 Lauster, U.: Rechenspiele
Birkenbihl, V.: Stichwort Schule
Beutelspacher, A.: Christian und die Zahlenkünstler
                   Abenteuer Mathematik (DVD für Kids)

Tipps für Erdkunde/ Geschichte/ Gemeinschaftskunde

Jedem redlichen Bemühen sei Beharrlichkeit verliehen.

(Johann Wolfgang von Goethe)

- Verzeichnis anlegen: Fachwörter – Definitionen
- Kartensymbole und Abkürzungen einprägen
- „Stadt – Land – Fluss" spielen (Atlas benutzen)
- Für Geschichte Listen anfertigen: Zahlenreihen mit den wichtigsten Ereignissen (nicht nur im geschichtlichen Bereich)
- Wichtige Daten auf eine Zeitachse übertragen
- Lerntexte anschaulich machen durch Skizzen, Tabellen, Zeichnungen …
- Wichtige Fakten auf Karteikarten übertragen und mit der Lernkartei lernen
- Eselsbrücken bauen und Merkverse einsetzen (→ Gedächtnistechniken)
- Je schwieriger der Lernstoff, desto weniger auf eine Seite schreiben
- Unverstandene Abschnitte ankreuzen und nachschlagen oder in der nächsten Stunde nachfragen
- Zeitungsartikel sammeln
- Auf Fernsehsendungen zum Thema achten

 Keller, G.: Lernen will gelernt sein!
Lehrer helfen lernen

Tipps für Deutsch

Überall geht ein frühes Ahnen dem späteren Wissen voraus.
(Johann Wolfgang von Goethe)

- Fehlerlisten anlegen!
- Schwierige Wörter auf Karteikarten schreiben!
- Merktechniken verwenden: z. B. Eselsbrücken bauen!
- Wortschatzübungen machen (z. B. das Wort „gehen" durch sinnverwandte Wörter ersetzen). → Wortschatzerweiterung
- Bildhafte Vergleiche suchen! (so stark wie ein Bär, so bunt wie ein Frühlingsstrauß …)
- Verzeichnis grammatikalischer Begriffe anlegen!
- Bei Aufsätzen nicht drauflosschreiben! Zuerst überlegen, was gefragt ist! Stichwörter und Einfälle aufschreiben! Grobstruktur anfertigen! Feinstruktur erarbeiten! Kurze anschauliche Sätze bilden!
- Für Rechtschreibübungen gilt: Qualität statt Quantität! Lieber ein kurzes schweres als ein langes leichtes Diktat!

Sofort korrigieren!

Fehler nicht unterstreichen, sondern mit den richtig geschriebenen Wörtern überdecken oder nur am Rand markieren!

Lückentexte verwenden!

Problemwörter auf Karteikarten schreiben und öfter wiederholen! Lernposter machen!

Machen Sie es wie die Auster!
Die Auster umgibt ein eingedrungenes Sandkorn
mit Perlmutt und es entsteht eine Perle.

 Hallwass, E.: Vergnügliches Sprachtraining Deutsch
Oppolzer, U.: Wortschatztraining
Kurze Zwischenaufgaben für den Deutschunterricht

Tipps für Schüler

Wer sich selbst alles zutraut, wird andere übertreffen!

(Aus China)

- Hausaufgaben: vergnügt – richtig – schnell – allein!
- Tagesplan + Wochenplan aufstellen bringt Freizeit ohne Reue.
- Freizeit nicht total verplanen – „Pufferzeiten"
- Möglichst immer gleicher Arbeitsplatz und gleiche Zeit!
- Arbeitsplatz und Lernplatz können verschieden sein.
- „Lernticks" beachten
- Pausen nicht vergessen
- Pausen rechtzeitig, regelmäßig und richtig machen (mehrere kurze Pausen sind besser als eine große Pause)!
- Aufwärmzeit beachten Mit dem Lieblingsfach anfangen
- Erst die leichte Arbeit, dann die schwierige!
- Nicht ähnliche Fakten hintereinander oder nebeneinander lernen
- Wechseln zwischen Auswendiglernen und Schreiben und Rechnen
- Vokabeln ziemlich am Anfang lernen
- Den wirkungsvollsten Lernweg benutzen (z. B. CD's)!
- Kleine Lernportionen, nicht alles auf einmal!
- Wenn das Buch zugeklappt wird, ist der Lernvorgang im Gehirn noch nicht beendet.
- Skizzen und kleine Bilder malen

- Auch die kleinste Unterbrechung ist eine Störung.
- „Gut notiert ist halb gelernt!" <u>Wichtige Fakten unterstreichen, einrahmen, in Druckschrift schreiben.</u> Nicht am Papier sparen
- Nicht überlernen! Mehr als 100 % geht nicht.
- Nicht zu früh wiederholen
  Abends vor dem Einschlafen wiederholen
- Nur regelmäßiges Wiederholen führt zum Erfolg.
- Lernkartei anlegen
- <u>Fehlerlisten anlegen</u>
- Einem anderen Schüler das Gelernte erklären
- Sich in einem anderen Raum abfragen lassen
- Das Leistungshoch liegt zwischen 8−12 Uhr und 16−18 Uhr.
- Pinnwand benutzen bedeutet Überblick.
- <u>Ein Lernposter erleichtert das Einprägen.</u>
- Konzentrationsübungen erhöhen die Aufnahmefähigkeit.
- Die Prüfungsvorbereitung oder Klassenarbeitsvorbereitung muss rechtzeitig und systematisch erfolgen.
- Sich selbst auf die Schulter klopfen, wenn es sonst niemand tut
- <u>Nicht aufgeben und vergnügt bleiben!</u>

Löhle, M.: Lernen lernen
Markova, D.: Wie kinder lernen (Kids)
Speichert, H.: Richtig üben – effektiv lernen
Oppolzer, U.: Verflixt, wie lerne ich das?

 Überlernen

Zu viel ist ungesund!

Überlernen = zu viel lernen = mehr als 100 % ist Zeitverschwendung!

Beispiel:
Stellen Sie sich vor, Sie haben die englischen Vokabeln für die nächste Stunde in 6 Lerndurchgängen 100 %ig gespeichert.
Dann folgen Sie dem Rat Ihres Partners: 150 % ist besser, und hängen noch 2 oder 3 Lerndurchgänge an.
Das ist Zeitverschwendung, denn wiederholen müssen Sie auf jeden Fall und es geht in den ersten Stunden nach dem Lernen ebenso viel verloren, ganz gleich, ob sie 100 %ig oder 150 %ig gelernt hatten.

Wenn man einen falschen Weg einschlägt,
verirrt man sich umso mehr, je schneller man geht.

(Denis Diderot)

Unbewusstes Lernen

Mit „links" eine Sache erledigen ist gut, aber:

Lernen Sie auch mit rechts!

Nutzen Sie Ihre rechte Hirnhälfte und vertrauen Sie Ihrem Unterbewusstsein. Alles, was wir bewusst wahrnehmen, erhält von der linken Hirnhälfte ein Etikett, einen Namen. Alles, was wir unbewusst lernen, läuft über unsere rechte Hirnhälfte, die Bilder speichert, dafür aber nicht „reden" kann.

Sie kennen sicher den Satz: „Es liegt mir auf der Zunge". Unsere rechte Hirnhälfte hat das Wort gespeichert, aber die linke kann es im Moment nicht benennen.

Umgekehrt tun wir uns schwer, wenn wir „Etiketten" auswendig lernen sollen, ohne die rechte Hirnhälfte, d. h. unsere Fantasie mit einzubeziehen.

Dazu ein Beispiel: Versuchen Sie zunächst den folgenden Satz auswendig zu lernen.

„Ein Zweibein sitzt auf einem Vierbein an einem Dreibein und isst ein Einbein. Da kommt ein Vierbein, springt auf das Dreibein und nimmt dem Zweibein sein Einbein."

Wenn Sie diesen Satz auswendig lernen wollen (nur mit der linken Hirnhälfte), dann müssen Sie ihn sicher mehrere Male lesen, bevor Sie ihn fehlerlos wiederholen können.

Nutzen Sie Ihre rechte Hirnhälfte, und machen Sie sich zu den vielen „Beinen" Bilder. Dann entsteht vor Ihrem geistigen Auge ein Film, und Sie sind sofort in der Lage, den Satz zu wiederholen.

„Ein Mensch (Zweibein) sitzt auf einem Stuhl (Vierbein) an einem Tisch (Dreibein) und isst eine Wurst (Einbein). Da kommt ein Hund (Vierbein), springt auf den Tisch (Dreibein) und nimmt dem Menschen (Zweibein) die Wurst (Einbein) weg."

Wir wissen und können mehr als wir glauben

Mit dem Unterbewusstsein nehmen Sie viel mehr wahr als mit dem Bewusstsein, d. h. wenn unser „Bauch", unser Gefühl, etwas für wichtig hält, nimmt unser Unbewusstes alle Dinge wahr, die zu diesem wichtigen Thema gehören.

> Wir sehen, was wir denken bzw. fühlen!

Sie kennen alle das Phänomen, dass man sich für irgendetwas interessiert (z. B. einen Gartenteich, ein neues Auto, Briefmarken, …), und plötzlich ist die Welt voll von Informationen darüber.
Die Welt hat sich nicht verändert, sondern unsere Sichtweise.

> Wir nehmen die Dinge wahr, die uns interessieren.

 # Unterricht

Worte, nichts als Worte ... (William Shakespeare)

Das gesprochene Wort hat zwei Nachteile:
- es verflüchtigt sich
- es muss mit der gleichen Geschwindigkeit aufgenommen werden, mit der es gesprochen wird.

Deshalb ist es wichtig, den gesprochenen Text zu „verfilmen", das bedeutet, ihn in Bilder zu verwandeln, die unser Gehirn schneller und besser speichern kann.
Mitgeschriebene Stichwörter holen später den „Film" wieder aus der Vergessenheit ins Gedächtnis zurück.

Skizzen erleichtern die Gedächtnisarbeit!

Wer zuhören kann, sitzt vor einem Tisch, der nie leer wird.

Hören Sie hin!
Zuhören ist nicht gleich Hören!

Regeln für aktives Zuhören:
- Erhöhen Sie Ihre innere Bereitschaft.
- Schauen Sie den Dozenten an. Gesichtsausdruck und Gestik sind hilfreich.

- Stellen Sie Zwischenfragen.
- Lassen Sie sich Fremdwörter und Fachausdrücke erklären.
- Versuchen Sie sofort, den Stoff in Ihnen bekannte Zusammenhänge zu bringen.
- Trainieren Sie Ihr Vorstellungsvermögen.
- Schreiben Sie Stichwörter mit.

Wenn alles schläft und einer spricht:
So was nennt man Unterricht.

Klippert, H.: Eigenverantwortliches Arbeiten und Lernen
Riegel, E.: Schule kann gelingen
Meyer, H.: Was ist guter Unterricht?
Oppolzer, U.: Verflixt, wie lerne ich das?

☑ Vergessen

Wer schläft, sündigt nicht und behält besser!

Legen Sie das Buch unter Ihr Kopfkissen und Sie wissen morgen alles!

Sie lächeln ungläubig.
Diese Aufforderung enthält einen wahren Kern:

Vergessen kann man verschlafen!

Wenn Sie vor dem Schlafengehen z.B. ein Gedicht oder Vokabeln wiederholen, dann werden Sie am nächsten Morgen mehr behalten haben, als wenn Sie während des Tages lernen und dann gleich wieder vielen neuen Eindrücken ausgesetzt sind. Wenn Sie nach dem Lernen schlafen, hat Ihr Gehirn Zeit und Ruhe, um ganz entspannt das Gelernte richtig abzuspeichern.

Beschäftigen Sie sich vor dem Schlafengehen jedoch nicht mit neuem Lernstoff, sondern wiederholen Sie nur!

Ungelöste Probleme und somit auch Lernprobleme lassen unseren Geist nicht zur Ruhe kommen. Sie schlafen schlecht und träumen vielleicht unangenehm.

> Vor dem Schlafengehen sollte nur verstandener Lernstoff wiederholt werden.

Wo der Anteil sich verliert,
verliert sich auch das Gedächtnis.

Arten des Vergessens:

1. Informationen gehen innerhalb von ca. 20 Sekunden verloren. Die Informationen finden keinen „Aufhänger", oder es kommen zu viele Informationen gleichzeitig an (→ Gedächtnisstufen).

2. Informationen gehen innerhalb der ersten Stunden verloren: Während der Umwandlung der elektrischen Schwingungen kommt es zu Störungen im Kurzzeitgedächtnis. Je länger die Verweildauer im KZG ist, desto eher kann es zu Störungen kommen und damit zu einem Abbruch der Speicherung.

3. Informationen können nicht abgerufen werden.
   - da sie blockiert sind (Stress – Prüfungsangst …)
   - da sie falsch eingeordnet sind
   - da sie lange nicht aktiviert worden sind.

Die Informationen sind jedoch im Langzeitgedächtnis gespeichert und damit für immer vorhanden. Deshalb hören Sie oft den Satz: Es liegt mir auf der Zunge. Das Gehirn braucht dann mehr oder weniger Zeit und ein Schlüsselwort oder eine bestimmte Assoziation, bis die Information abrufbar ist. Krampfhaftes Nachdenken führt eher zu Denkblockaden als zum gewünschten Erfolg.

Gründe für das Vergessen:

Man vergisst, weil man nicht wiederholt hat.

Man vergisst, weil man nicht richtig gelernt hat.

Man vergisst, was das Bewusstsein zu sehr belastet.

Vergessen = Verdrängen!

Man vergisst, was man ungern tut (Freud'sches Vergessen).

Man vergisst aus Unaufmerksamkeit und Interesselosigkeit.

Man vergisst viele Dinge, weil man fasziniert ist von einer besonderen Sache („zerstreuter Professor").

Man vergisst, weil man gestresst ist (→ Stress).

Man vergisst aufgrund von körperlichen Ursachen (z.B. Durchblutungsstörungen, Schilddrüsenproblemen, Stoffwechselstörungen, Herzrhythmusstörungen, …).

Vester, F.: Denken, Lernen, Vergessen

Oppolzer, U.: Verflixt, das darf ich nicht vergessen! Bd. 1, 2 und 3

Verflixt, das darf ich nicht vergessen! Die 50er Jahre

Verflixt, 100 Gedächtnisspiele

Gedächtnistraining für Kids

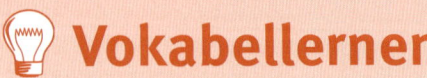 Vokabellernen

Wer zwei Sprachen kennt, ist zwei Männer wert!

(Aus Frankreich)

Sieben auf einen Streich

- Nicht mehr als 7–10 Vokabeln auf einmal lernen
- nicht mehr als 30–40 Vokabeln pro Tag lernen
- regelmäßig wiederholen
- Lernkartei anlegen
- Skizzen dazu malen
- Jeweils einen Satz mit den Vokabeln bilden
- mit Fantasie lernen
- Vokabel deutsch aussprechen und eine Gedankenverbindung dazu herstellen, dieses Bild mit der deutschen Bedeutung verbinden
- „Eselsbrücken" bauen
- Vokabeln nach bestimmten Kriterien ordnen (Rechtschreibung – Themenbereiche)
- mit CD oder MP3-Player lernen
- mit dem Computer lernen
- Kreuzworträtsel erstellen
- Wortspiele in der Fremdsprache machen (→ Wortschatzerweiterung, → Aufwärmphase)

Eng ist die Welt, weit ist das Gehirn ... (Friedrich Schiller)

Bauen Sie „Brücken"

Auch für das Vokabellernen oder für das Behalten von Fremdwörtern sind Fantasie und Kreativität gefragt. Sprechen Sie die englische Vokabel einmal deutsch aus, und stellen Sie dazu eine Gedankenverbindung her. Dann verbinden Sie dieses Bild mit der Bedeutung der Vokabel.

Beispiele:

- Kamingitter – grate – Fischgräte (Im Kamingitter steckt eine Gräte.)
- Herde – flock – Schneeflocke auf einem Pflock (Eine Schafherde ist an einen riesengroßen Pflock gebunden und große Schneeflocken fallen vom Himmel.)
- wachsen, werden – grow – grau (Grüne Pflänzchen werden beim Wachsen immer mehr grau.)
- Erwerbslosenunterstützung – dole – Dohle (Alle Leute, die aus dem Arbeitsamt kommen, haben eine Dohle auf dem Kopf.)
- Blitz – flash – Flasche (Auf einem Fabrikdach ist als Werbung eine große Sektflasche angebracht. Ein Blitz schlägt ein und die Flasche zerbirst in tausend Scherben.)
- Ziegel – brick – Brikett (Ein Haus wird nicht mit Ziegelsteinen gebaut, sondern mit schwarzen Briketts.)
- Trödler – broker – zerbrochen (Der Trödler auf dem Markt verkauft nur zerbrochene Sachen.)

Skizzen und bildhafte Darstellungen erleichtern das Verständnis und unterstützen das Lernen.

Beispiele: Englisch

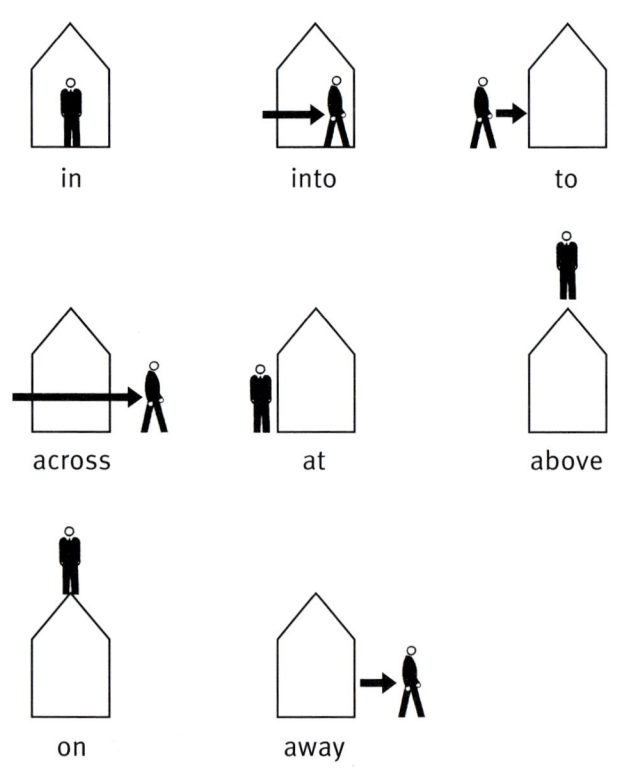

in   into   to

across   at   above

on   away

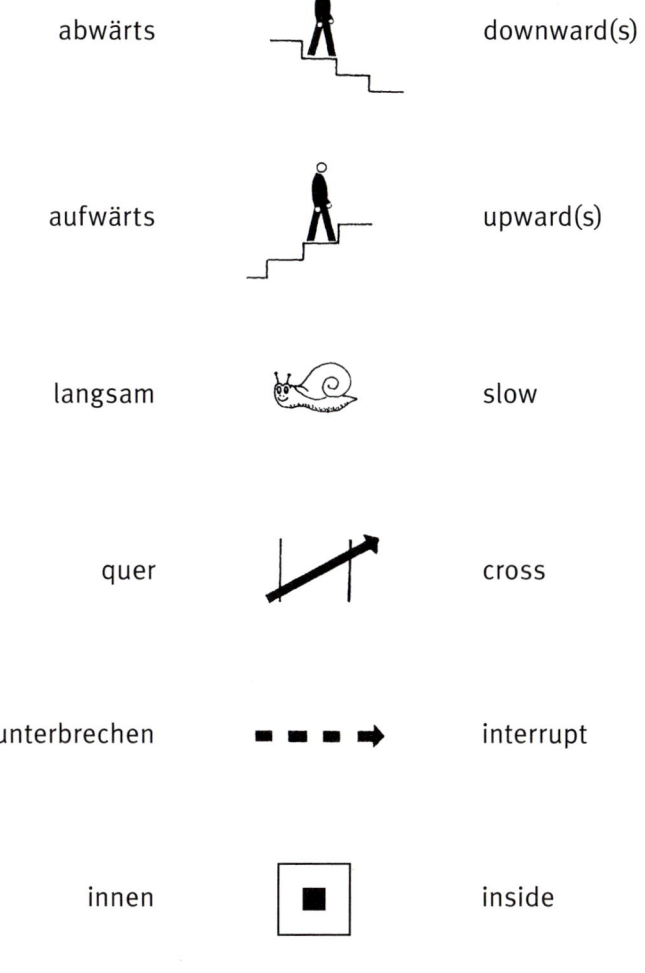

abwärts		downward(s)
aufwärts		upward(s)
langsam		slow
quer		cross
unterbrechen		interrupt
innen		inside

✓ Wahrnehmung

Lernen mit einer verbesserten Wahrnehmung

Stellen Sie sich vor, die *bewusste* Wahrnehmung könnte auf einem Maßband gemessen werden und entspräche etwa 5 mm. Was glauben Sie, wie groß wäre auf diesem Maßband die Strecke, die unserer *unbewusste* Wahrnehmung entsprechen würde? Das, was wir unbewusst wahrnehmen, entspräche auf dem Maßband einer Strecke von etwa 5 km. Das bedeutet, dass pro Sekunde Millionen von Informationen über die Sinnesorgane von außen und innere Reize im Körper registriert werden und dass davon nur ein Bruchteil in unser Bewusstsein gelangt.

Eine Steigerung der bewussten Wahrnehmung um 100 % wäre schon eine enorme Verbesserung, denn alles, was Sie bewusst aufnehmen und mit Bekanntem in Beziehung setzen, kann sicher gespeichert werden und ist damit auch abrufbar. Sie werden einwenden, es gibt doch Situationen, in denen wir uns fragen, warum wir uns z. B. an eine graue Weste oder eine bestimmte Haarfrisur eines Menschen erinnern, obwohl wir gar nicht bewusst darauf geachtet haben. In diesen Situationen stellt unser Unterbewußtsein zu diesen – für uns im Augenblick unwichtigen Informationen – eine Verbindung her, d. h. eine Verbindung zu einer intensiven Wahrnehmung in der Vergangenheit.

Empfindungen, Gedächtnisinhalte, Interessen, Gefühle, Bedürfnisse und Erwartungen beeinflussen die Gewinnung und Verarbeitung von äußeren und inneren Reizen. Aufgabe der Wahrnehmung ist es, ein Weltbild zu entwickeln, auf Grund dessen es dem Menschen möglich ist, sich erfolgreich zu verhalten.

Je mehr Sie also bewusst wahrnehmen, desto sinnvoller können Sie sich verhalten und desto mehr helfen Ihnen diese Erfahrungen in zukünftigen Situationen.

„Jeder Mensch sieht die Welt anders;
er sieht das, was er erwartet."

 Oppolzer, U.: Kurze Zwischenaufgaben für den Deutschunterricht
Kopfsalat und Glühbirne (Kids)
Gedächtnistraining für Kids

Wiederholen

Ohne Wiederholung geht es nicht!

Wiederholen Sie
- **richtig**
- **mehrmals**
- **in richtigen Zeitabständen**
- **zur richtigen Zeit**

Damit Ihr Gehirn weiß, was wichtig ist und was nicht, braucht es die Wiederholung.

So wie eine Hausfrau im Sommer die Skiausrüstung und die dicken Winterpullover wegpackt und die täglich benutzten Sommerkleider stets griffbereit hat, so ist auch die Information, die im Langzeitgedächtnis gespeichert ist, nur dann jederzeit parat, wenn sie öfter abgerufen und damit signalisiert wird, dass sie sehr wichtig ist.

Lernstoff, der nur alle paar Jahre gebraucht wird, ist oft zunächst unzugänglich, obwohl er im Langzeitgedächtnis gespeichert ist und wir auch wissen, dass wir ihn schon mal gelernt haben; er ist zwar passiv vorhanden, aber oft eben nicht aktiv.

Holzhacken ist deshalb so beliebt, weil man bei dieser Tätigkeit den Erfolg sofort sieht. (Albert Einstein)

Wiederholen Sie in einem anderen Raum!

Nur so können Sie feststellen, ob der Lernstoff bereits so gut gespeichert und abrufbar ist, dass die Begleitinformationen an Ihrem Lernplatz keinen Einfluss mehr haben.

Unsere Wahrnehmung ist ganzheitlich. Das bedeutet, dass wir nicht nur die Lerninformation aufnehmen, sondern auch das, was uns umgibt, was wir sehen, riechen, hören und tasten. So ist zu erklären, dass uns etwas wieder einfällt, wenn wir an den Ort des Geschehens zurückkommen.

Jeder hat dieses Phänomen schon erlebt.

Wir wollen z. B. etwas aus dem Keller holen. Dort angekommen, sind wir mit unseren Gedanken bereits ganz woanders und wissen nicht mehr, was wir holen wollten. Wenig später, wieder in der Küche, fällt es uns ein.

Für das Lernen bedeutet dies, dass es wichtig ist nachzuprüfen, ob wir den Lernstoff auch ohne Begleitinformationen abrufen können.

Wie-Plan-Technik

Der Mensch muss bei dem Glauben verharren,
dass das Unbegreifliche begreiflich sei;
er würde sonst nicht forschen.

(Johann Wolfgang von Goethe)

Machen Sie einen Wie-Plan!

Wie-Planung: Beschreibung des Weges, der zum Ziel führt

= Durchführungsplan = Projektplan

„Wenn wir ein Ziel erreichen wollen, müssen wir seine wirklichen Ursachen finden und sein Erreichen verursachen." (Thomas Großmann, Psychologe und Autor, * 1951) Mit einem Wie-Plan erarbeiten Sie alle Mittel und Maßnahmen, die zum Ziel führen sollen.

Was müssen Sie tun?
- Stellen Sie sich das Ziel so konkret vor, als hätten Sie es bereits erreicht.
- Überlegen Sie, welche Faktoren zum Erreichen des Ziels führen könnten.
- Schreiben Sie alle Mittel und Maßnahmen auf, die notwendig sind.

- Legen Sie Termine fest, wann bestimmte Zwischenziele erreicht sein sollen.
- Klären Sie die Prioritäten.
- Führen Sie ein Zeitplanbuch oder tragen Sie Aufgaben und Termine in einen Terminkalender ein.

Vorteile
- Sie stellen fest, ob Ihr gewünschtes Ziel erreichbar ist.
- Sie konzentrieren sich auf machbare Aufgaben und Ziele.
- Misserfolge haben keine Chance.
- Sie erhalten eine Übersicht über die notwendigen Schritte und die zeitliche Verteilung.
- Sie können Einzelheiten konkret planen.

Wortschatzerweiterung

Denn eben wo Begriffe fehlen,
da stellt ein Wort zur rechten Zeit sich ein.

(Johann Wolfgang von Goethe, Faust)

Vermehren Sie Ihren Schatz!

Es genügt nicht nur zu wissen, man muss dieses Wissen auch zur rechten Zeit richtig darstellen können.

Um sich klar und deutlich ausdrücken zu können, bedarf es nicht vieler, aber der richtigen Worte.

Vermehren Sie Ihren Wortschatz auf spielerische Weise:

- Lesen Sie die Zeitung oder ein Buch einmal anders: Prüfen Sie, ob in den Wörtern andere Wörter versteckt sind. Beispiel: Wesel – Weber – Grafschaft – Schuhnaht – Amerikameldung

- Suchen Sie Wörter, bei denen man immer einen Buchstaben entfernen kann und dann ein neues Wort erhält: Ameise – Meise – Eis – Ei

- Spielen Sie Teekesselraten! Suchen Sie für einen Begriff mehrere Bedeutungen: z. B. Brücke: Eisenbahnbrücke – Teppichbrücke …

- Betrachten Sie Autokennzeichen und finden Sie Wörter, die diese Buchstaben enthalten.

1. Beispiel: NOH = Schein<u>oh</u>nmacht
2. Beispiel: NOH = <u>N</u>acht<u>o</u>berschwester …

- Reimen Sie mal wieder! Beispiel: Schnee – Fee – See – Klee – …
- Suchen Sie Wörter mit drei (vier, fünf) verschiedenen Vokalen Beispiel: Heimorgelunterbau
- Suchen Sie Wörter mit Doppelkonsonanten: Mutter, Kanne, …
- Suchen Sie bildhafte Redewendungen
- Schreiben Sie einen Satz auf, die Buchstaben der Wörter sind die Anfangsbuchstaben von neuen vierbuchstabigen (fünf-, sechs-, siebenbuchstabigen …) oder einsilbigen (zwei-, dreisilbigen …) Wörtern

L	E	R	N	E	N		M	A	C	H	T		S	P	A	S	S
A	S	U	A	R	O		A	C	H	A	I		O	A	H	A	A
M	E	N	H	B	A		M	H	O	S	E		F	P	L	M	A
A	L	E	T	E	H		A	T	R	E	R		A	A	E	T	L

- Suchen Sie Wörter, die vorwärts und rückwärts gelesen einen Sinn ergeben: Regen – Regal …
- Suchen Sie Pflanzen, die ein Tier im Namen tragen!
- Finden Sie für ein Wort mehrere Ersatzmöglichkeiten! Beispiel: sich fortbewegen: – laufen – schlendern, rennen, torkeln …

- Suchen Sie Lebensmittel (Körperteile, Pflanzen, Städte, Länder ... usw.) mit 6 (5−4−3−7) Buchstaben. Nehmen Sie ein beliebiges Wort, z. B. „lernen", und bilden Sie aus den Anfangsbuchstaben einen sinnvollen Satz: „Liane erntet rote, niedliche Erdbeeren nachmittags"
- Suchen Sie Wörter mit ai (oh − eh − y − …)
- Suchen Sie Wörter zum Thema: Essen (Geschenke − Küche − Garten …) von A − Z (Auster − Birne − Croissants …)
- Suchen Sie Sätze, die mit dem gleichen Buchstaben anfangen: „Am Anfang angelte Anton arglos am Achensee Aale".

Weitere Anregungen für Wortspiele finden Sie unter dem Stichwort „Aufwärmphase" und im Anhang.

 Oppolzer, U.: Verflixt, das darf ich nicht vergessen! Bd. 1, 2 und 3
Gedächtnistraining für Kids
Wortschatztraining
Kurze Zwischenaufgaben für den Deutschunterricht

Zeitplanung

Ein Mensch ohne Plan ist wie ein Schiff ohne Steuer.

Planen Sie Ihre Zeit!

Freie Zeit darf nicht total verplant werden!

1. Planen Sie schriftlich
2. Verwenden Sie Tagespläne
3. Setzen Sie Prioritäten
4. Beachten Sie die Leistungskurve
5. Benutzen Sie ein Zeitplanbuch
6. Fassen Sie die „Zeitdiebe"
7. Definieren Sie Ziele
8. Vergessen Sie die „Stille Stunde" nicht
9. Bleiben Sie konsequent
10. Beginnen Sie positiv.

Wer hinter mehreren Hasen herläuft, fängt keinen.

(Aus Griechenland)

Zeitverlust

entsteht durch:

1. falsche Organisation
2. Ablenkung
3. übertriebene Intensität
4. zu langsames Lesen und Schreiben

Die Geschichte von der Säge

Ein Spaziergänger geht durch den Wald und begegnet einem Waldarbeiter, der hastig und mühselig damit beschäftigt ist, einen bereits gefällten Baumstamm in kleinere Teile zu zersägen.

Der Spaziergänger tritt näher heran, um zu sehen, warum sich der Holzfäller so abmüht, und sagt dann:

„Entschuldigen Sie, aber mir ist da etwas aufgefallen: Ihre Säge ist ja total stumpf. Wollen Sie diese nicht einmal schärfen?"

Darauf stöhnt der Waldarbeiter erschöpft auf: „Dafür habe ich keine Zeit — ich muss sägen!"

(aus: Seiwert, L. J.: Das Einmaleins des Zeitmanagement)

☑ Zeitraffer-Technik

Es ist nicht wenig Zeit, was wir haben,
sondern es ist viel, was wir nicht nützen.   (Seneca)

Lernen Sie mehr in weniger Zeit!

Zeitraffer-Technik:

Beim Einsatz dieser Technik geht es wieder um gehirnge-rechtes Lernen, d. h. um die beiden unterschiedlichen Ge-hirnhälften.

Das Zeitempfinden gehört zur linken Gehirnhälfte. Wenn Sie z. B. malen, meditieren, Musik hören, verlieren Sie das Zeitgefühl, da diese Tätigkeiten über die rechte Hirnhälfte ablaufen.
Während unsere linke Gehirnhälfte bewusst ein Wort, einen Gedanken wahrnimmt, laufen unbewusst Tausende von Pro-zessen in unserem Körper und unserem Gehirn ab.

Indem Sie nun einen Text auf Kassette bis zu doppelter Geschwindigkeit ablaufen lassen, nehmen Sie mehr Infor-mationen in weniger Zeit auf.

Um zu einer wirkungsvollen Speicherung zu gelangen und zu einem optimalen späteren Abrufen, sollte der Text zunächst langsam gelesen werden, um Assoziationen aufzubauen, und als Wiederholung mit der Zeitraffer-Technik abgehört zu werden.

Sie können auch die Zeitraffer-Technik mit dem Parallel-Lernen verbinden.

 Birkenbihl, V.: Stroh im Kopf?

 # Zielsetzung

Wer den Hafen nicht kennt, in den er segeln will,
für den ist kein Wind ein günstiger!　　　　(Seneca)

Streben Sie ein Ziel an!

Erfolgreiches Arbeiten ist ein Verwirklichen von Zielen!

Ziele sollten immer schriftlich definiert werden!

Setzen Sie sich erreichbare Ziele!

Formulieren Sie konkret!
Planen Sie die „Reise" genau (auch mit der rechten Hirn-hälfte)!

Stellen Sie sich Ihr Ziel und den Weg dorthin in Ihrer Fantasie ganz deutlich vor.

Stellen Sie sich vor, wie froh und stolz Sie sein werden, wenn Sie Ihr Ziel erreicht haben.

Vorteile der Zielsetzung:

- Sie behalten immer den Überblick.
- Sie setzen die richtigen Prioritäten.
- Sie setzen Ihre Fähigkeiten optimal ein.
- Antrieb und Aufmerksamkeit werden gesteigert.
- Ihr Körper und Ihr Geist stellen sich automatisch auf Ihr Ziel ein. Sie sind programmiert!
- Sie werden schnell und sicher Ihre Wunschziele erreichen.

Es soll nicht genügen, dass man Schritte tue, die einst zum Ziele führen, sondern jeder Schritt soll Ziel sein und als Schritt gelten.

Setzen Sie Zwischenziele!

Der Weg zum Ziel ist oft lang, die Zeit bis zur Prüfung noch „unendlich". Deshalb ist es wichtig, nicht nur an die Prüfung, an das ferne Ziel zu denken, sondern konkrete Zwischenziele zu setzen und zu fragen: „Was will ich in einer Woche, in einem Monat, usw. erreicht haben?" Dann können Sie sich nach geleisteter Arbeit mit einem Kinobesuch, einem Treffen mit Freunden usw. belohnen und diese Zeit voll genießen.

„Was ich entschieden habe zu tun, ist es wert, gut getan zu werden!"

Zusammenfassung

Am Anfang aller Erkenntnis ist Staunen

- Begeisterung ist das halbe Lernen!
- Natürliche Voraussetzungen für ein optimales Lernen schaffen:

  entspannte Atmosphäre – positives Denken

  wenig negativer Stress – viel Bewegung

  viel frische Luft – richtige Ernährung

  ausreichend Schlaf

Jedes Lernen ist ein biologischer Prozess, in dem geistige, psychische und körperliche Vorgänge untrennbar miteinander verbunden sind. (Frederic Vester)

- **Wecken Sie die Neugier!**
  Neugier kompensiert Fremdheitsgefühle.
- **Neues alt verpacken**
  Unbekannte Informationen erzeugen eine negative Hormonlage (Stress), und es kommt zu Denkblockaden.
- **Skelett vor Detail**
  Erst einen Überblick schaffen!
  Zusammenhänge ermöglichen die Verbindung zur alltäglichen Erfahrung und schaffen somit Vertrauen und Zutrauen.

Zusammenhänge schlagen Haken in die Wand des Vergessens, an denen dann später Details aufgehängt werden können.

■ **Interferenz vermeiden**
Variationen zum gleichen Thema zu schnell hintereinander angeboten, behindern den Vorgang des Nachvollziehens und stören den Vorgang der Speicherung.

■ **Erklärung vor Begriff**
Werden Tatsachen oder Zusammenhänge zunächst erklärt, bevor der Begriff genannt wird, so sind Gedankenverbindungen möglich. Es entstehen Neugier und ein Gefühl der Bekanntheit. Der neue Begriff kann viel leichter eingeordnet und gespeichert werden.

■ **Anschauliche Stofferarbeitung**
Eine anschauliche Darstellung führt zu einer vielseitigen Anregung der Gehirntätigkeit und damit zu einer schnelleren und sicheren Abspeicherung.

■ **Ohne Wiederholung geht es nicht!**
Jeder Lernstoff muss in Abständen wiederholt werden, um dem Gehirn zu signalisieren: „Das ist wichtig." Nur dann ist das Wissen auch jederzeit abrufbar. Nicht zu früh wiederholen!

■ **Verknüpfung**
Eine dichte Verknüpfung der Informationen miteinander, mit Alltagssituationen, mit vorhandenem Wissen, vermittelt Erfolgserlebnisse und fördert das Behalten.

- **Zeitplanung ist wichtig**
  Tagespläne, Wochenpläne und Monatspläne sorgen für stressfreies Lernen.
- **Gewöhnungseffekt beachten**
  Wenn immer zur gleichen Zeit und am gleichen Ort gelernt wird (das gleiche Fach unterrichtet wird), stellt sich der Körper automatisch darauf ein. Die Aufwärmphase ist kürzer. Die gesparte Energie kann sinnvoll genutzt werden.
- **Aufwärmphase beachten**
  So wie der Körper beim Sport zunächst warm werden muss, so braucht auch das Gehirn leichte Aufwärmübungen, um dann Höchstleistungen bringen zu können.

Sie haben immer jetzt, nicht gestern, nicht morgen,
Sie haben immer die Gelegenheit, etwas zu verändern.

- **Konzentrationsübungen an den Anfang**
  Beginnen Sie das Lernen mit Konzentrationsübungen, um das Gehirn optimal vorzubereiten
  (→ Konzentrationsübungen im Anhang).
- **Konzentration durch Abwechslung**
  Die Konzentration während des Lernens kann gesteigert werden, indem zwischen passivem Aufnehmen und aktivem Handeln immer wieder gewechselt wird.

- Arbeitsplatz und Lernplatz können verschieden sein.
- Auf alle Sinne kommt es an!

  Je mehr Sinne angesprochen werden, desto besser können Informationen gespeichert werden.
- Individuellen Lerntyp beachten
- Bewusstes Sehen fördern

  Je bewusster Tatsachen, Bilder oder Vorgänge wahrgenommen den, desto sicherer werden sie abgespeichert.

Wer sorgfältig und bewusst beobachtet, treibt einen Meißel in die glatte Wand des Vergessens.   (Gerhard Reichel)

- Ähnlichkeit schafft Verwirrung!

  Zwei ähnliche Lernstoffe hemmen sich gegenseitig, wenn sie zeitlich oder räumlich zu dicht aufeinander folgen. (z. B. Spanisch und Italienisch).
- Viele Informationen führen zum Stau.

  Viele Informationen direkt hintereinander verhindern den Übergang vom Ultrakurzzeitgedächtnis zum Kurzzeitgedächtnis.
- Der Lernprozess ist nicht mit der Informationsvermittlung beendet:

  Unser Gehirn ist noch mit der Abspeicherung beschäftigt, wenn die Aufnahme von Informationen abgeschlossen ist. Das bedeutet: viele kleine Pausen, sich Zeit lassen mit einem neuen Lernstoff.

- **Gut notiert ist halb gelernt**
  Ein strukturierter Text mit Skizzen, Unterstreichungen, Einrahmungen, unterschiedlichen Farben erleichtert das Lernen wesentlich, verstärkt Erfolgserlebnisse und erhöht die Bereitschaft, ins Heft zu schauen.
- **Sparen ja, aber nicht am Papier**
  Je weniger auf einer Heftseite steht und je größer die Schrift ist, desto besser wird gelernt.
- **Kreativität erhöht die Lernleistung**
- **5-Punkte-Programm der Texterarbeitung**
- **„Lernticks" ernst nehmen**
- **Entspannung stärkt das Gedächtnis**
- **Denkblockaden verhindern!**
- **Allzu viel ist ungesund – mehr ist oft weniger**
- **Lernen Sie Schritt für Schritt**
- **Erst die Sicherheit, dann die Geschwindigkeit**
- **Lernkartei anlegen**
- **Gedächtnistechniken einsetzen + „Eselsbrücken" bauen**
- **Richtige Pausen zur richtigen Zeit!**
- **Lernstoff merkwürdig machen**
- **Aktives Lesen üben**
- **Weiterführende Literatur beachten**
- **Nachschlagen üben**
- **Fehler sind Orientierungshilfen**
- **Fehlersammlung anlegen**

- Fehlerkorrektur muss sinnvoll sein
- Hausaufgaben-Anerkennung ist wichtig!
- Rechte und linke Gehirnhälfte beachten!
- Düfte und Melodien unterstützen das Gedächtnis
- Zusammenfassungen erleichtern das Lernen
- Erfolg fördert Erfolg
- Lachen, Spaß am Lernen, ist schon Erfolg

Es ist nicht wichtig, viel zu wissen.
Es ist wichtig, es mit Freude zu erwerben
und lachend zu genießen.

Übungen

Gedächtnis- und Konzentrationsübungen

(Lösungen s. S. 269)

Physikalische Definition des Dummkopfes:
Eine Ausnahme von der Regel des Torricellischen Gesetzes,
demzufolge die Natur keine Leere duldet,
denn der Hohlkopf hat nicht das Bedürfnis, sich zu füllen.

1) Fantasietraining:

Malen Sie Gedankenbilder!
Verbinden Sie jeweils zwei Begriffe so miteinander, dass ein Bild entsteht, und malen Sie dieses Bild in Ihrer Fantasie mit bunten Farben an eine weiße Wand.

Rose + Torte
Frosch + Bett
Wolkenkratzer + Hose
Clown + Dach
Kugel + Telefon

2) Um die Ecke gedacht:

- Typische Sitzgelegenheit kleiner Könige?
- Flohtummelplatz?
- Dichter wird er oft genannt, aber nicht Poet?
- Leergut ordentlicher Brillenträger?
- Levitenlese?

3) Konzentrationsübung:

Suchen Sie möglichst lange Sätze, deren Worte mit demselben Buchstaben anfangen. – Zeit: 5 Min.

z. B. Am Anfang angelte Anton am alten Achensee ab August alle ankommenden anbeißenden Aale.

Der kleine, verwachsene Talleyrand warnte eine Schöne vor einem großen, schlanken Offizier: „Bedenken Sie, Mademoiselle, dass in hohen Häusern die oberen Stockwerke meist schlecht möbliert sind."

4) Kreativitätsübung:

Was kann man alles aus einem Kreis machen bzw. malen? Beispiel:

  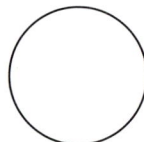 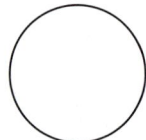

5) Elefantenspiel:

Kennen Sie den Witz von einem Prüfling, der etwas über Elefanten erzählen soll, aber nur auf Würmer vorbereitet ist? Dieser schlaue Prüfling findet eine Lösung:
„Der Elefant hat einen Rüssel. Der Rüssel erinnert mich an einen Regenwurm. Der Regenwurm …"

Überlegen Sie mal, wie diese Geschichte weitergehen könnte. Das letzte Wort des Satzes bildet jeweils den Anfang des nächsten Satzes. – Zeit: 3 Min.

6) Kreativitätsübung:

Was können Sie alles aus einem Dreieck machen?
Beispiel:

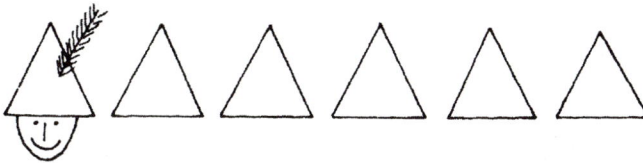

7) Um die Ecke gedacht:

- Amtsschimmels Futterkrippe?
- Computer messen es in Kilo (Abk.)?
- Ob Sie nun Schach spielen oder nicht, Sie sind immer am Zuge?
- Felder, von Vertretern beackert?
- Natürlicher Stammesabkömmling?

„Die durstige Kräh' ein' Eimer fand.
Das Wasser bis zur Hälfte stand.
Sie sprach: Wenn du dich bückst zum Trinken,
kannst leichtlich du darin versinken.
Sie dacht, ob sie ihn um wohl kehre;
jedoch er war ihr viel zu schwere,
und sie war auch zu schwach alleine.
So lief sie fort, las auf viel Steine,
warf sie in' Eimer. Wie sich's zeigt,
davon der Wasserspiegel steigt.
Nun sie sich labt und fröhlich lacht:
Das hat mein kluger Kopf gedacht.
Moral:
Was du mit Macht nicht kannst gewinnen,
das musst mit List du dann beginnen.
Und was die Stärke nicht vermag,
das bringt ein weiser Rat zutag."

(Burchard Waldis)

8) Denkaufgabe:

Bilden Sie mit 6 gleichen Streichhölzern genau vier gleich-
seitige Dreiecke.

9) Fantasieübung:

Machen Sie die Augen zu und stellen Sie sich einen Märchen-
wald vor, in dem Sie spazieren gehen.

Welche Figuren sehen Sie?

Wie sind sie angezogen?

Wie sehen die Bäume aus?

Welche Düfte umgeben Sie?

Wie sind Sie selbst gekleidet?

Spüren Sie Ihre Hände auf der Rinde einer knorrigen alten
Eiche.

Welche Geräusche nehmen Sie wahr?

Wie fühlt sich der Boden an, auf dem Sie gehen?

Vertiefen Sie sich in dieses Bild und genießen Sie diesen
Spaziergang Ihrer Fantasie.

 Müller. E.: Du spürst unter deinen Füßen das Gras

Montesquieu über Voltaire:
„Er hat zu viel Geist, um mich zu verstehen."

10) Konzentrationsübung:

R	E	S	T	A	U	R	A	N	T
1	8	10	4	5	9	1	7	2	6

4, 7, 3, 6, 5, 1:

7, 9, 10, 6, 8, 3:

10, 5, 6, 9, 3, 2:

6, 9, 1, 2, 8, 3:

2, 7, 4, 6, 8, 1:

5, 1, 3, 8, 10, 4:

4, 1, 5, 9, 8, 3:

10, 4, 5, 6, 9, 8:

1. Stellen Sie fest, welche Wörter sich hinter den Zahlen verbergen. (2 Min.)
2. Bilden Sie aus den Buchstaben des Wortes Restaurant in 3 Minuten möglichst viele neue Wörter.

11) Kreativitätsübung:

Denken Sie sich eine lustige Geschichte aus, in der jeder Satz mit einem anderen Buchstaben anfängt, und zwar in alphabetischer Reihenfolge.

12) Gedächtnisübung:

Prägen Sie sich in 2 Minuten folgende Formen ein und zeichnen Sie diese dann aus dem Gedächtnis.

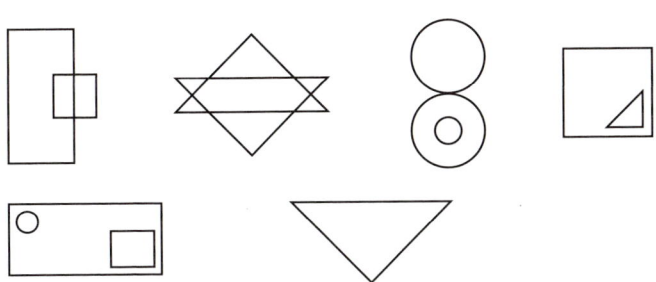

13) Assoziationsübung:

Machen Sie aus jeweils zwei Begriffen ein Bild. Malen Sie
es in Ihrer Fantasie so deutlich, dass Sie die Begriffe auch
morgen noch wissen.

Regenschirm – Eiscreme

Bus – Petersilie

Kamel – Telefon

Zauberstab – Brillantring

Fußball – Ketchup

Gartenzaun – Topflappen

Veilchen – Bügeleisen

Schneebesen – Mofa

Koch – Pinguin

*Ein Professor in einer Vorlesung mit Medizinstudenten:
„Sie sehen, meine Damen und Herren, ich halte in jeder Hand
ein Gehirnmodell, in der rechten ein männliches, in der linken
Hand ein weibliches. Wie Sie deutlich erkennen können, ist das
männliche Gehirn größer als das der Frau. Was folgern Sie daraus?" Eine Studentin meldet sich: „Ich folgere daraus, Herr Professor, dass es nicht auf Quantität ankommt, sondern auf Qualität."*

14) Denkaufgabe:

Welche Wörter enthalten alle Vokale in ihrer alphabetischen Reihenfolge? (Zeit: 3 Minuten)

z. B. Arbeitswohnung

Warum beneidet der Gelehrte den Reichen,
der Reiche aber nicht den Gelehrten?
Weil der Gelehrte aufgrund seiner Bildung den Wert des
Geldes kennt, der Reiche aber nicht den Wert der Bildung.

15) Gedächtnistraining:

Machen Sie in Gedanken einen Spaziergang durch einen imaginären Ort und merken Sie sich den Weg so genau, dass Sie ihn hin und zurück gehen können.

Bahnhof – Zebrastreifen – Kaufhaus – Bushaltestelle – Sparkasse – Parkplatz – Café – Brücke – Kanal – Kirche – Platz – Rathaus – Lindenallee – Post – Spielplatz – Kreuzung – Fabrikschornstein – Park – Seeufer – Schloss

16) Um die Ecke gedacht:

- Unordnung sprachlich geordnet?
- Altrömischer Lockenkopf?
- Japanerin auf der Fensterbank?
- Himmlischer Botschafter irdischer Natur?
- Luft in Eile?

17) Konzentrationsspiel:

Suchen Sie innerhalb von 3 Minuten möglichst viele Sätze mit Wörtern, deren Anfangsbuchstaben schon feststehen.

Beispiel: J I S G S   Jeder ist seines Glückes Schmied.

a) M – V – M – K – B – S
b) T – E – K – I – Z – W
c) H – M – L – G – I – S – H

18) Denkaufgabe:

Die folgende Zahlenfolge ist die einzige ihrer Art.
Können Sie herausfinden, was das Besondere an ihr ist?
8 3 1 5 9 0 6 7 4 2

19) Um die Ecke gedacht:

- Blume, die Psychiatern blüht?
- Kunst, mit vielen Worten wenig zu sagen?
- Computers Weichteile?
- Saftiges Früchtchen im englischen Gewand?
- Süßigkeiten für Kälbchen?
- Seine Blume hat keine Blätter

20) Konzentrationsübung:

Unterstreichen und zählen Sie in einem Zeitungs- oder im folgenden Text alle „e" und „o" so schnell wie möglich.

Simonides wurde gefragt, ob der Mensch lieber nach Reichtum oder nach Weisheit streben solle. „Nach Reichtum", antwortete der Dichter. „Denn ich sehe die Weisen vor den Türen der Reichen, nicht aber die Reichen vor den Türen der Weisen."

21) Denkaufgabe:

Verbinden Sie die neun Punkte mit vier geraden Strichen, ohne abzusetzen. Kein Punkt darf zweimal berührt werden.

22) Um die Ecke gedacht:

- Bestimmt der am meisten in den Mund genommene Artikel der Welt?
- Vokalisches Wässerchen?
- Saurer Grundstoff für süße Milch?
- Erster Leninist?
- Längster Körperteil?

23) Gedächtnistraining:

Versuchen Sie innerhalb von 3 Minuten sich möglichst viele der 20 Begriffe einzuprägen.

– Blumenstrauß – Waschpulver – Geschenkpapier –
Taucherbrille – Tageszeitung – Lampenschirm – Milchtüte –
Sofakissen – Autoschlüssel – Butterdose – Fahrradständer –
Brotmesser– Stuhllehne – Brillenetui – Leuchtturm –
Fleischwurst – Schuhcreme – Nähgarn – Taschenuhr –
Gartenschlauch –

Warum verlieren sich manche Menschen in Gedanken?
Sie bewegen sich in unbekanntem Gelände.

24) Um die Ecke gedacht:

- Wer das Stroh nicht im Kopf hat, dem verhilft sie zur Erleuchtung
- Sie verneigt sich, bevor sie verdroschen wird
- Adäquates Sportgerät für Leute mit viel Gleitzeit
- Im Kräutergärtlein zu suchendes Mädchen
- Im Schach recht schwach

25) Fantasieübung:

Stellen Sie sich vor, Sie sind im Urlaub, in einem Land am Meer. Sie haben gerade gebadet an einem weißen Sandstrand in einer kleinen, felsigen Bucht.

Jetzt freuen Sie sich auf den Spaziergang durch das kleine, verwinkelte Fischerdorf.

Sie gehen vorbei an Ständen mit Souvenirs, mit roten, gelben und weißen Blumen, mit Obst und vielem mehr. Sie betrachten die alten Backsteinhäuser mit den geschnitzten Haustüren und kommen schließlich in den Hafen mit den bunten Fischerbooten.

Die Fischer reparieren ihre Netze. Es riecht nach Fisch, Tang und Öl. Möwen kreischen. Sie setzen sich auf eine grüne Bank unter einer Schatten spendenden Weide, schließen die Augen und träumen …

26) Konzentrationsspiel:

Der folgende Text ist von einer schlechten „Sekretärin" geschrieben. Sie hat nur Kleinbuchstaben gewählt, keine Leertaste und dafür ab und zu die Sternchentaste verwendet. Satzzeichen fehlen völlig.

Lesen Sie den Text laut vor, möglichst schnell und flüssig und zählen Sie die Sternchen. – Zeit läuft!

ei*stha*end*ekerl*aufdenb*um*ngehocktbeha*rtu*dm* tböservisa*edannhatmans*eausdemu*waldge*ocktunddi *we*taspha*tiertunda*fgestocktbiszurdreiß*gst*netage dasaßensien*ndenflö*enentflohninzentr*lgeh*iztenräu* endasitzensienunamt*lefonu*desherrschtno*hgenaud*rsel *eton wieseiner*eitaufd*nbumen

Irrtümer haben ihren Wert, jedoch nur hier und da:
Nicht jeder, der nach Indien fährt, entdeckt Amerika.

(Erich Kästner)

27) Konzentrationsübung:

Im folgenden „Buchstabensalat" sind sinnvolle Wörter versteckt, die es gilt, möglichst schnell zu finden. – Zeit läuft!

eghrudsaewkjhuolkmnvbgtfdspöldarmbjlernenmydejhgz-
uhrlobnölahnebalzsfeckebvgttaghtpxymnbhhutklswqmc-
gähremadevctzollkjürteweselkgzfvcxmnbhzfdteedwort-
mjkpomentenbflausxsdrqklkhurrbsinnfxcdwölkeihgpxybe

28) Gedächtnisübung:

Gehen Sie in Gedanken einkaufen. Stellen Sie sich ganz deutlich vor, wie Sie ins Geschäft gehen und die Sachen aus den Regalen nehmen und in Ihren Einkaufswagen legen.

Erdbeermarmelade – Vogelfutter – Filtertüten – Spülmittel – Fernsehzeitschrift – Vanillezucker – Gewürzgurken – Sahnequark – Babyöl – Rosenkohl – Heringssalat – Wischlappen – Zahnpasta

29) Kreativitätsübung:

Vollenden Sie die angefangenen Zeichnungen:

a)

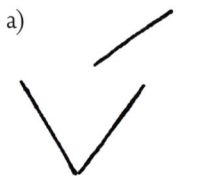

b)

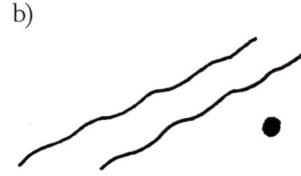

c)

d)

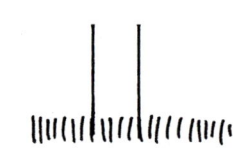

Lösungen

2) Zaun – Ohr – Nebel – Etui – Rüge

7) Akten – REM – Bahnhof – Bezirke – Ast

8) Streichholzaufgabe:

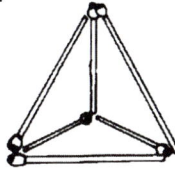

16) Chaos – Titus – Aralie – Satellit – Orkan

18) Zahlenfolge alphabetisch: acht, drei, eins, fünf, neun, null, sechs, sieben, vier, zwei

19) Neurose – Gerede – Software – Grapefruit – Laktose – Wein

21) Denkaufgabe:

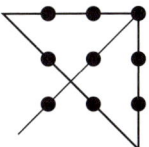

22) the – Eau – Ried – Lenin – Darm

24) Stalllaterne – Ähre – Ski – Ute – König

27) Öl – Darm – lernen – Uhr – Lob – Öl – Ahne – Balz – Ecke – Tag – Hut – Ähre – Made – Zoll – Esel – Tee – Wort – Po – Ente – Laus – Ur – Sinn – Öl – Ei

Literatur

Aust, D./Aust-Claus, E./Hammer, P.-M.: A.D.S. – Das Erwachsenenbuch, Ratingen 2007

Aust-Claus, E./Hammer, P.-M.: Auch das Lernen kann man lernen, Ratingen 2000

Bergmann, W.: Nur Eltern können wirklich helfen, Düsseldorf 2002

Beutelspacher, A.: Christian und die Zahlenkünstler, München 2005

Beyer, G.:
- Konzentrationstraining, Heidelberg 2007
- Schnell und erfolgreich lernen – Superlearning, München 1998

Birkenbihl, V.:
- Stichwort Schule, Frankfurt 2004
- Trotz Schule lernen, Heidelberg 2007
- Freude durch Stress, Heidelberg 2005
- Der persönliche Erfolg, München 2007
- Stroh im Kopf, Heidelberg 2007
- Die Birkenbihl-Methode, Fremdsprachen zu lernen, München 1994

Blakemore, S. J./Frith, U.: Wie wir lernen, München 2006

Brizendine, L.: Das weibliche Gehirn, Hamburg 2007

Buchner, Ch.: Der Räuber Thalamus, Kirchzarten 2002

Büttner, G.: Diagnostik von Konzentration und Aufmerksamkeit, Göttingen 2004

Buzan, T.:
- Power Brain, Landsberg 1999
- Speed Reading, Frankfurt 2005

Caspary, R.: Lernen und Gehirn, Freiburg 2008

Correll, W.: Lernschwächen und Leistungsstörungen erkennen und überwinden, Heidelberg 2003

Decker, F.: Die neuen Methoden des Lernens, Würzburg 1999

Dennison, P./Dennison, G.: Das Handbuch der EDU-Kinestetik für Eltern, Lehrer und Kinder jeden Alters, Freiburg 1996

Elschenbroich, D.: Weltwissen der Siebenjährigen, München 2002

Endres, W./Frank, T.: Lernen lernen 5/6, Weinheim 2006

Ettig, W.: Eselsbrücken, Niedernhausen 1998

Ewert, Ch.: Das Marathonprinzip, München 1994

Fauss, M.: Lernen ist Leben, Düsseldorf 2007

Fine, C.: Wissen Sie, was Ihr Gehirn denkt?, Heidelberg 2007

Freitag, E. F./Zacharias, C.: Die Macht Ihrer Gedanken, München 2000

Gordon, T.: Familienkonferenz in der Praxis, München 2006

Graichen, W. U./Seiwert, L. J.: Das ABC der Arbeitsfreude, Offenbach 1997

Das große Buch der Lerntechniken, München 2005

Hallwass, E.: Vergnügliches Sprachtraining Deutsch, München 1992

Hannaford, C.: Bewegung, das Tor zum Lernen, Freiburg 2000

Hay, L.: Du kannst es! Durch Gedankenkraft die Illusion der Begrenztheit überwinden, München 2003

Hay, L./Zeller, S.: Du kannst es!, Hör-CD, 2008

Hüholdt, J.: Wunderland des Lernens, Bochum 1993

Hüther, G.:
- Die Macht der inneren Bilder, Göttingen 2006
- Bedienungsanleitung für ein menschliches Gehirn, Göttingen 2007

Jacobs, C.: Training für Kinder mit Aufmerksamkeitsstörungen, Göttingen 2007

Jansen, F./Streit, U.: Positiv lernen, Heidelberg 2006

Keyserlink, L. von: Naschen, Trödeln, Träumen, Reinbek 1992

Kleinschroth, R.: Sprachen lernen, Reinbek 2000

Kline, P.: Das alltägliche Genie, Paderborn 1996

Klippert, H.:
- Besser lernen, Stuttgart 2008
- Eigenverantwortliches Arbeiten und Lernen, Weinheim 2008

Krebs, Ch. T./Brown, J.: Lernsprünge, Freiburg 1998

Krowatschek, D.:
- Entspannung für Jugendliche, Dortmund 2002
- Marburger Konzentrationstraining, Dortmund 2004

Kugemann, W.: Lerntechniken für Erwachsene, Reinbek 2006

Lanner, H.: Prüfungen – mit Erfolg, München 1988

Leibold, G.: Positiv denken und leben, München 1995

Leibold, G./Brenner, F./Brenner, D.:
Das große Buch des Eignungstests,
München 2000

Leitner, S.: So lernt man lernen,
Freiburg 2009

Löhle, M.: Lernen lernen, Göttingen
2005

Mantel, M./Fischer, R.: Reden –
Mitsprechen – Verhandeln, Stuttgart
1997

Markova, D.: Wie Kinder lernen,
Freiburg 1998

Mayer-Skumanz, L./Heringer, I./
Heringer, A.: Löwen gähnen niemals
leise, Kirchzarten 1998

Meister Vitale, B.: Lernen kann
phantastisch sein, Bremen 1995

Metzig, W./Schuster, M.: Lernen zu
lernen, Berlin 2006

Meyer, H.: Was ist guter Unterricht?,
Berlin 2004

Minninger, J.: Gutes Gedächtnis – das
Erfolgsgeheimnis, Baden-Baden
2004

Moll, G./Dawirs, R./Niescken, S.: Hallo,
hier spricht mein Gehirn, Weinheim
2006

Müller, E.: Du spürst unter deinen
Füßen das Gras, Frankfurt 2004

Murphy, J.: Das Erfolgsbuch: Wie Sie
alles im Leben erreichen können,
Berlin 2008

Oppolzer, U.:
- Verflixt, wie lerne ich das?,
Hannover 2008
- Verflixt, das darf ich nicht vergessen!
Bd. 1, Bd. 2 (mit CD), Bd. 3 (mit CD),
Hannover 2009
- Verflixt, das darf ich nicht vergessen!
Die 50er Jahre, Hannover 2007
- Verflixt, 100 Gedächtnisspiele,
Hannover 2009
- Gedächtnistraining für Kids, Baden-
Baden 2005
- Kopfsalat und Glühbirne, Baden-
Baden 2006
- Das große Brain-Fitness-Buch,
Hannover 2008
- Wortschatztraining, Horneburg
2002
- Kurze Zwischenaufgaben für den
Deutschunterricht, Horneburg 2007
- Bewegte Schüler lernen leichter,
Dortmund 2003
- Gehirntraining mit Phantasie und
Spaß, Dortmund 2003
- Mehr Spaß in der Schule mit Phanta,
Krea und Konzi, Dortmund 1997
- 4-7-6 – Rom war ex. 300 alte und
neue Eselsbrücken, München 2009
- Hirntraining mit ganzheitlichem
Ansatz, Dortmund 1998

Pearce, J.: Der nächste Schritt der
Menschheit, Kempten 1997

Reichel, G.: Frei reden ohne Lampenfieber, Forchheim 1989

Riegel, E.: Schule kann gelingen, Frankfurt 2005

Rubner, J.: Was Frauen und Männer so im Kopf haben, München 2005

Schräder-Naef, R.:

- Rationeller Lernen lernen, Weinheim 2003
- Lerntraining für Erwachsene, Weinheim 1999
- Schüler lernen Lernen, Weinheim 1996
- Der Lerntrainer für die Oberstufe, Weinheim 1992

Seiwert, L. J.: Das Einmaleins des Zeitmanagement, Frankfurt 2004

Solms, A.: Konzentration trainieren, München 2004

Speichert, H.:

- Hausaufgaben sinnvoll machen, Reinbek 2006
- Richtig üben – effektiv lernen, Augsburg 2005
- Richtig üben macht den Meister, Reinbek 1986
- Kopfspiele, Reinbek 1990

Spinola, R./Peschanel, F. D.: Das Hirn-Dominanz-Instrument, Speyer 1992

Spitzer, M.:

- Lernen – Gehirnforschung und die Schule des Lebens, Berlin 2006
- Braintertainment, Stuttgart 2007
- Musik im Kopf, Stuttgart 2002
- Schokolade im Gehirn, Stuttgart 2003
- Geist im Netz, Heidelberg 2000
- Nervenkitzel, Frankfurt 2006
- Erfolgreich lernen in Kindergarten und Schule (DVD)
- Wir lernen immer (DVD)

Spitzer, M./Herschkowitz, N.: Wie Babys lernen, Hör-CD, 2007

Stenger, Ch.: Das Gummibärchen im Spinat, Frankfurt 2008

Ullmann, F.: 101 Tips für erfolgreiche Redner, München 1990

Vester, F.:

- Denken, Lernen, Vergessen, München 1987
- Phänomen Stress, München 1980
- Neuland des Denkens, München 1980

Warnke, A.: ADHS – Das Aufmerksamkeitsdefizitsyndrom, Stuttgart 2007